意識の神秘

生物学的自然主義からの挑戦

ジョン・R・サール
菅野盾樹◉監訳

新曜社

ダグマーのために

John R. Searle

THE MYSTERY OF CONSCIOUSNESS

Originally published in the United States and Canada by the
New York Review of Books, 1755 Broadway, New York, 1997
First published in Britain by Granta Books, 1997

意識の神秘——目次

装幀——虎尾　隆

まえがき

この時代は、私の研究者人生における意識の研究にとって、最も刺激的であると同時に、最もいらだちを覚える時代である。刺激的であるのは、意識を、哲学、心理学、認知科学そして神経科学までもが研究の主題として重要視し、実際、ほとんど中心的テーマとして扱うようになったからである。いらだちを覚えるのは、その主題が全体として、とうの昔に明らかになったと私には思われる、誤解や誤りにいまだに悩まされているからである。

この興奮——とその誤解のいくつか——は、本書で論じられている諸著作によって例示されている。本書は、私が一九九五年から一九九七年の間に『ニューヨーク・レヴュー・オヴ・ブックス』誌に掲載した一連の書評に基づいている。その間〔一九九五年から一九九七年〕の時間と、書物としてのより広い視野のおかげで、元の評論のいくつかを拡張、改訂し、議論全体に統一性をもたらすことができた。

本書の各章で論じられている問題についてなされてきた——そして依然としてなされている——議論にたいして、見通しの利くところからこの題材〔意識〕を見渡すとき、私には次のように思われる。すなわち、意識に関して満足な説明を得るための最大にして唯一の哲学的障害は、一群の時代遅れなカテゴリーや、宗教的、哲学的伝統から受け継いできたそのようなカテゴリーに付随する一群の前提を、われわれが受け入れ続けてきたことである。われわれは、「心的」と「物理的」、「二元論」と「一元論」、そして「唯物論」と「観念論」という諸々の観念が明晰であり、そのままで立派な観念であるという誤った想定と、諸々の問題がこれらの伝統的な用語で提示され、解決されなければならないという誤った想定とから始めている。われわれはまた、科学的還元という観念――それによれば、複雑な現象は、それらの現象を作動させている基礎的なメカニズムによって説明されうるし、場合によっては、そのような基礎的なメカニズムのおかげで消去されうる――は明晰でありほとんど困難はないとも想定している。われわれはそこで、意識――すなわち、眠っているときの夢を見ている状態だけでなく、目が覚めている通常の状態の感覚（sentience）や気づき――を、分子や山のような「物理的」現象と比較する時、それらがとても特異なものに見えるということに気がつく。山や分子と比較すると、意識は「不可解」で、「エーテル的」（エーテルは天界を構成する神秘的な物質とか光の媒質だと考えられていた）で「神秘的」にさえ見える。意識は、ニューロンの発火のような、脳のほかの物理的特性が物理的であるようには、「物理的」であるように見えない。意識はまた、熱や固体性のような物理的属性に関しては上手くいっている普通の科学的分析によって、物理的プロセスへと還元できるようにも思われない。

多くの哲学者たちは、あなたが意識を実在すると認めるならば、何らかのヴァージョンの「二元論」――宇宙には二つの形而上学的に異なる種類の現象、すなわち心的な現象と物理的な現象とがあるという見解――を採用することを余儀なくされるだろうと考えている。実際多くの著作者にとって、まさに二元論の定義には、もしあなたが山のような「物理的」現象に加えて痛みのような「心的」現象を受け入れるならば、あなたは二元論者であるということが含まれている。しかし伝統的に構想されてきた二元論は、望みのない理論に見える。なぜならば、心的なものと物理的なものとを厳密に区別したならば、その二つのものの関係を理解可能にするすべはないからである。二元論を受け入れることは、達成するのにほぼ四世紀も費やした科学的世界観全体をあきらめることのように思われる。では、どうすべきなのか。

多くの著作者は、弾丸を噛んで苦痛を耐え忍び、二元論を受け入れる。たとえば、物理学者のロジャー・ペンローズと哲学者のデイヴィッド・J・チャーマーズについては、後ほど論じられる。しかし現代哲学において、最もありがちなやり方は、唯物論が正しいに違いなく、意識を何かほかのものへと還元することによって消去しなければならないと主張することである。ダニエル・C・デネットは、この立場を採用している哲学者の明白な例である。意識が還元されるべき現象の候補として好ましいのは、純粋に「物理的な」用語やコンピュータ・プログラムで記述される脳の状態である。しかし本書で論じるように、意識を消去しようとするこれら還元主義的試みのすべては、それらが取って代わろうとした二元論と同じくらい望みがない。ある点で、還元主義的試みは二元論より悪い。なぜならば、還元主義的試みは、その試みが説明することになっていた意識状態の実在を否定するからである。そして最後には、われわれがみな、痛みや喜び、記憶や知覚、思考や感じ、気分、後悔、そして空腹感のような、内的で、質的な主観的状態を持つという明らかな事実を否定して終わる。

還元主義と唯物論へと人を駆り立てる衝動は、次のように想定する根本的な誤りに由来すると私は考えている。すなわち、もし意識をそれ自身で実在するものとして受け入れるならば、われわれはとにかく二元論を受け入れ、科学的世界観を拒否することになるだろうという想定である。本書全体を貫くテーマが一つあるとすれば、意識は、自然で生物学的な現象であるというものである。意識は消化、成長、あるいは光合成と同じくらい生物学的生活の一部なのである。

われわれは、「心的なもの」と「物理的なもの」とを二つの相互に排他的なカテゴリーにする哲学的伝統のせいで、意識やほかの心的現象が持つ、自然で、生物学的な特徴にたいして盲目にされている。そこから抜け出す方法は、二元論と唯物論の両方を拒否し、意識が質的で、主観的な「心的」現象であると同時に、「物理的」世界の自然な部分であることを受け入れることである。意識状態が質的であるという意味は、痛みを感じること、経済状況について心配することのようなあらゆる意識状態に関して、その状態にあると質的に感じる何かがあるということである。そして意識状態が主観的であるという意味は、人間やほかの種類の「主体」によって経験されるときにのみそれらの状態が存在するということである。意識は、心的、物理的という伝統的なカテゴリーのどちらにも具合よくはあてはまらない、自然で生物学的な現象である。意識は、脳内のより低次のミクロプロセスによって引き起こされ、より高次のマクロレベルではその脳の特徴となる。この「生物学的自然主義」――わたしはこのように呼ぶのを好んでいる――を受け入れるためには、最初に伝統的なカテゴリーを捨てなければならない。

私が思うに、われわれがまさに人間として存在することを理解するのに意識が中心的であるとわかるまでに、二十世紀の人々はどうしてそんなにも長い時間を要したのかと、次世代の人々は不思議がるだろう。なぜそんなにも長い間、われわれは、意識が問題ではないと、すなわち意識が重要ではないと考えたのか。逆説的なのは、意識こそが、どのような事柄であってもそれが何らかの者にとって問題となるための条件である、ということである。すなわち、意識を持つ主体にとってのみ、問題となる何か、重要な何かについての問いがありうるのである。

私が本書を書いたねらいは、意識に関する問題にたいして、重要で影響力のある見解のいくつかを評価し、そうするなかで私自身の見解を提示し、正当化することにある。私は、ここで書評に選ばれた本がその主題〔意識〕に関する「最良の」本であるとは言わない。反対に、それらの本の質にはばらつきがあるという私の意見は、以下の章でまったく明瞭になるだろう。私の考えでは、それらの本は質において、とびきりすばらしいものから実にひどいものにまでわたっている。それらの本はさまざまな理由で選ばれた。すばらしいからというものもあれば、影響力があるからというもの、典型的であるからというもの、示唆的であるからというもの、現在の混乱の徴候を示しているからというものもある。それらの本のどれも意識の問題を解決してはいないが、解決への道を示しているものもある。脳がどのようにして上手くやっているのかを生物学的に詳細に理解するとき、われわれは意識を理解するだろう。脳は具体的にはどのようにわれわれの意識状態や意識プロセスを引き起こすのか、そしてこれらの状態やプロセスはわれわれの脳において、そしてわれわれの生活一般において具体的にはどのように機能しているのか。

私は自分自身の見解を最初の章と最後の章で提示する。あとの章はそれぞれ私以外の書き手のうちの一人に向けられている。それらの章のうちの三つには、補論が含まれている。第四章については、その章の本文からかなり専門的な資料を切り離したかったからだし、第五章と第六章については、二人の著者が〔私による〕彼らの本の書評に返答したからである。彼らの返答と私の再返答を、それぞれの章に補論として再掲した。

私は本書を執筆するにあたり、たくさんの人々から手助けと助言とをいただいた。第一に、そしておそらく最も重要であるのは、私が書評を書いた六人のうちの五人——フランシス・クリック、ジェラルド・エーデルマン、ペンローズ、デネット、そしてチャーマーズ——が、さまざまな仕方で私の論評に答えてくれたということである。私は特にチャーマーズとペンローズにたいして、この資料の以前のヴァージョンにおいて、彼らによれば私が彼らの見方を誤解していたところを指摘してくれたことに感謝している。私の再返答だけでなく、私の元の書評にたいしてデネットとチャーマーズが公刊した返答は、本書に全文そのままの形で収録している。

さまざまな同僚たちが資料のさまざまな部分に目を通してくれ、有益なコメントをくれた。私は特にネッド・ブロックに感謝する。私はゲーデルの定理とその定理のペンローズによる使用を理解する際に、数人の数学的論理学者たち、特にマック・スタンレーとウィリアム・クレイグに大いに手伝ってもらった。『ニューヨーク・レヴュー』誌のロバート・シルバースは、私がこれまで出会ったなかで最もすばらしい編集者であり、彼が情け容赦なく、根気強く明晰な説明を要求してくれたことから、私は多大な恩恵を受けた。私が彼から学んだ大いなる教訓は、知的な複雑さを犠牲にすることなしに、専門家でない人々に困難な問題を提示することができるということである。また私のリサーチ・アシスタントであるジェニファー・フディンと、とりわけ私の妻であるダグマー・サールに特別の謝意を表する。本書を彼女に捧げる。

第一章　生物学的問題としての意識

生物科学における最も重要な問題は、つい最近まで多くの科学者が科学的研究の対象としてまったく相応しくないとみなしていた問題、つまり、脳内の神経生物学的プロセスが厳密にはどのようにして意識を引き起こすのか、という問題である。われわれを触発する実にさまざまな刺激――たとえば、ワインを味わう、空を見上げる、バラの香りを嗅ぐ、コンサートを聴く、といった時の刺激――は、種々の神経生物学的プロセスの引き金となり、最終的には、統一され、よく方向づけられ、一貫した、内的で主観的な気づき（awareness）や意識感覚（sentience）の状態を引き起こす。では、われわれの受容体に刺激が与えられることと意識経験とのあいだで、厳密には何が起こっているのだろうか。そして、その中間プロセスは、厳密にはどのようにして意識状態を引き起こしているのだろうか。さらに、この問題は、私が述べたような知覚の場合にだけ関わっているのではなく、所得税の心配をしたり、義理の母の電話番号を思い出そうとしたりといった内的プロセスと同様に、自発的行動の経験もそこに含まれる。痛い、くすぐったい、痒いと感じることから――なんでもかまわないが——後期資本主義下における脱工業化した人間が不安を感じたり、深いパウダースノーでのスキーに高揚感を経験したりすることにいたるまで、われわれの意識生活におけるあらゆることが脳のプロセスによって引き起こされているということは、驚くべき事実である。われわれの知るかぎりでは、関連するプロセスが、シナプス、ニューロン、カラム状のニューロン群、神経細胞集合というミクロレベルで起こっている。われわれの意識生活のすべてがこれら低次のプロセスによって引き起こされているわけだが、それがみなどのように機能しているかについては、われわれは漠然とした考えしか持っていない。

そこで、次のように問うことができるだろう。なぜこの分野の専門家は脳の低次のプロセスに取り組み、その働きを理解しようとしないのか。なぜそれが癌の原因を突き止めることより難しくないはずだと言えるのか。とはいえ、脳科学が提起した問題をよりいっそう解明しにくくする、特殊な特徴が数多く存在するのである。そのなかには実際的な困難もある。現時点の推定では、人間の脳には一〇〇〇億以上のニューロンがあり、それぞれのニューロンが、数百から数万におよぶ他のニューロンと、シナプスによって繋がっている。この非常に複雑な構造のすべてが、サッカーボールより小さいスペースに詰め込まれているのである。その上、脳内の微小元素に働きかけると、ほぼ間違いなくそれらを損傷したり、有機体を殺したりしてしまう。こうした実際的な困難に加えて、正しい問いを立てたりそれに答えたりしにくくしている、いくつかの哲学的、理論的な障碍と混同がある。たとえば、たったいま私は「脳のプロセスはどのようにして意識を引き起こすのか」という問いを立てたが、その常識的な問いの立て方がすでに哲学的な意義を担っているのだ。多くの哲学者、そして一部の科学者でさえも、脳と意識の関係は因果的ではありえないと考えている。なぜなら、脳と意識の因果関係は、彼らにとっては、脳と意識とのある種の二元論を含んでおり、彼らはそれを別の理由で拒絶するからである。

古代ギリシャ人の時代から最新の計算論的認知モデルにいたるまで、意識というテーマ、意識と脳の関係に関するテーマは、すべて、何かしら混乱があったし、少なくともこのテーマの歴史における誤りのいくつかは、私が本書で論じている最近の考察においても繰り返されている。最新の仕事について論じる前に、いくつかの論点を明確にし、歴史的誤りのなかで最悪と思われるいくつかのことを正しておこう。

ある論点は速やかに処理できる。難しいと思われているが私にはそれほど深刻とは思えない問題がある。「意識」を定義するという問題である。この語を定義することはきわめて難しいと思われている。しかし、現象の根本にある本質を分析することを目的とする分析的定義と、単にわれわれが話題にしていることを同定するための常識的定義を区別するならば、この語に常識的定義を与えることはまったく難しくないように思われる。すなわち、「意識」とは、われわれが夢を見ない眠りから覚めるときに始まり、再び眠りに落ちるまで、あるいは昏睡状態に陥ったり死んだりするときまで、そうでなければ「無意識」の状態になるまで典型的に続く、意識感覚と気づきの状態のことである。夢はある種の意識だが、もちろん完全な覚醒状態とはまったく異なっている。このように定義される意識は、スイッチがオンになったりオフになったりする。この定義によれば、あるシステムは意識的であるか否かのどちらかであるが、意識野には、うとうとすることから完全な覚醒までさまざまな強度がある。このように定義される意識は、内的で、一人称的な、質的現象である。人間や高等動物は明らかに意識的であるが、系統発生的なスケールにおいてどこまで意識が広がっているのか、われわれは知らない。たとえば、ノミは意識的だろうか。現行の神経生物学の知識では、そのような問いに頭を悩ませてもおそらく意味がないだろう。意識的か否かの切れ目がどこにあるのかを知っているような生物学を、われわれは知らない。また、意識の一般的な現象は自己意識という特殊な場合と混同されてはならない。たとえば、痛みを感じるといった、たいていの意識状態は、必ずしも自己意識に関わるわけではない。人は、ある特殊な場合において、自分自身をそのような意識状態にあるものとして意識する。たとえば、自分自身の心配しすぎる傾向について心配するとき、人は自分自身を根っからの心配性だと意識するようになるかもしれないが、そのような意識は必ずしも自己意識や自己への気づきを含意するわけではない。

最初の深刻な問題は知の歴史に由来する。十七世紀にデカルトとガリレオは、科学的に記述できる物理的実在と、彼らが科学的研究の範囲から外れると考えた魂という心的実在のあいだに、明確な線を引いた。意識的な心と意識的ではない物質という二元論は、当時の科学的研究には有用であった。というのも二元論は、宗教的な権威が科学者を放置しておいてくれるのに役立ったからであり、心は数学的には扱えないように思われたが、物理的世界は数学的に扱えたからである。しかしこの二元論は、意識やその他の心的現象を通常の物理的世界の外、すなわち自然科学の領域外に置いたので、二十世紀には障碍となった。私の見解では、われわれは二元論を放棄し、意識は成長や消化や胆汁の分泌と同じく、通常の生物学的現象であるという仮説から始めなければならない。しかし、科学に関わる人々の多くは依然二元論者であり、意識について通常の生物学的実在の一部であることを示すような説明を与えることができるとは信じていない。そのような科学者のなかで最も有名な人物は、ノーベル賞を受賞した神経生物学者ジョン・エックルス卿〔一九〇三―一九九七。オーストラリア生まれの生理学者〕だろう。彼は、神が妊娠約三週間の胎児に魂を付着すると信じていた。

私がここで論じる科学者の一人、数学者のロジャー・ペンローズは、われわれがひとつの統一された世界に住んでいるとは考えずに、むしろ物理的世界に「基盤を置いて」はいるがそれからは切り離された心的世界があると考えているという点で、二元論者である。実際、彼はわれわれが三つの世界に住んでいると考える。物理的世界、心的世界、そして数などの数学的存在のような抽象的対象の世界である。このことについては後述する。

しかし、たとえ意識を生物学的現象として、それゆえ通常の物理的世界の一部として扱う場合でさえ、私は強調しなくてはならないが、避けなければならない誤りがまだたくさんある。一つは、私がたったいま言及したものである。すなわち、もし脳のプロセスが意識を引き起こすなら、多くの人にとって、原因としての脳のプロセスと結果としての意識状態という二つの事柄が必要になるように思え、したがってこれは二元論を含意するという誤りだ。二つめの誤りは、部分的には、因果作用についての誤った考え方に由来している。因果作用についてのわれわれの公式理論では、主として、すべての因果関係は、時間のなかで連続した順序で起こる離散的な出来事のあいだになければならないと考えられている。たとえば、銃を撃つことが被害者の死を引き起こす、といった具合に。

　確かに、原因と結果の関係の多くはそういったものだが、決してすべてがそうであるわけではない。あなたの近くにある対象を見回してみて欲しい。そして、テーブルが絨毯に継続的に圧力をかけているという事実を説明する因果関係を考えてみて欲しい。この事実は重力によって説明できるが、重力は出来事ではない。あるいは、テーブルの固体性について考えてみて欲しい。これはテーブルを構成している分子の振舞いによって因果的に説明できる。しかし、テーブルの固体性はひとつの特別な出来事ではなく、単にテーブルの特性に過ぎない。このような非出来事的な因果作用の例によって、私の現在の意識状態とそれを引き起こす神経生物学的プロセスのあいだの関係を理解するための適切なモデルが、いくつか与えられる。脳内の低次のプロセスは私の現在の意識状態を引き起こすが、その状態は私の脳から切り離された存在者ではなく、むしろ現時点での私の脳の特性に過ぎない。ところで、この分析――脳のプロセスが意識を引き起こすが、意識自体は脳のひとつの特性である――は、伝統的な心身問題にたいする解決を与えてくれる。それは、少なくとも伝統的に考えられてきた二元論と唯物論の両方を回避するような解決である。

われわれの現在の知的状況における三つめの困難は、われわれが次のことについてはっきりとした考えを持っていないという点にある。すなわち、公けに観察可能で客観的な現象である脳のプロセスが、いかにして気づきや意識感覚の内的で質的な状態、すなわちその状態の所有者にとって何らかの意味において「私秘的な《プライヴェート》」状態のような特異なものを、引き起こすことができるのか。私の痛みはある感じを持ち、あなたには感じられない仕方で私には感じられる。では、これら自分自身に属す主観的で質的な現象は、いかにしてニューロンのシナプスにおける電気化学的なニューロン発火のような通常の物理的プロセスによって、引き起こされうるのであろうか。それぞれのタイプの意識状態にそれぞれ特殊な質的感じがあるが、世界が客観的実在を構成しているとするわれわれの世界観全体へと、いかにしてそのような主観的感じを適合させるのかについては、われわれの意見は一致していない。そのような状態や出来事はときに「クオリア」と呼ばれ、われわれの世界観全体のうちでこれらを説明するという問題はクオリア問題と呼ばれる。私が〔本書で〕論じている著者たちによる意識の説明のあいだには興味深い相違があるが、それらのなかでも、クオリア問題への折合いのつけ方——あるいはときにその失敗の仕方——にはさまざまな不一致が見られる。私自身、「クオリア」およびその単数形である「クワーレ」という語を用いるのに躊躇《ためら》いがある。というのも、こうした語は、意識とクオリアという二つの別の現象があるかのような印象を与えるからである。しかしもちろん、すべての意識現象は質的で主観的な経験であり、それゆえクオリアである。意識とクオリアという二つのタイプの現象があるのではない。あるのはただ意識であり、それは一連の質的状態である。

四つめの困難は、いま現在のわれわれの知的風土に特有のものであり、それは心のコンピュータ・メタファーを度を超して字義どおり受け取るよう駆り立てる力である。多くの人がいまだに、脳がデジタル・コンピュータであり、意識がコンピュータ・プログラムであると考えている。もっとも、幸いにもこのような考え方は一〇年前と比べれば広く浸透してはいない。このような解釈によれば、心と脳の関係はソフトウェアとハードウェアの関係と同じである。心の計算主義理論にはさまざまなヴァージョンがある。最も強力な考え方は私がたったいま述べたもので、心は単なるコンピュータ・プログラムであるという考え方であり、プログラム以外には何もないという考え方である。私はこれを〈強い人工知能〉(略して〈強いＡＩ〉)と呼び、次のような考え方と区別する。すなわち、コンピュータは、まさに天気のパターンや経済におけるお金の流れといった、われわれが正確に記述できることについてシミュレーションを行なうのに役立つ道具であるように、心についてシミュレーションを行なう際に役立つ道具なのである。このより慎重な考え方を〈弱いＡＩ〉と呼ぶ。

〈強いＡＩ〉にはすぐに論駁が可能である。実際、私は一五年前に『ニューヨーク・レヴュー・オヴ・ブックス』誌および他の場所で論駁した。(1) 定義上、コンピュータは形式的記号を操作する装置である。その形式的記号は通常0と1として記述されるが、どんな旧式の記号でもまったく同じようにできるだろう。計算についての近代的な考え方の発案者であるアラン・チューリング(一九一二―一九五四。イギリスの数学者、論理学者、計算機学者）は、計算機械はテープを走査する頭脳を持った装置だと考えることができるといって、これを説明している。テープには0と1が印刷してある。機械は四つの操作を正確に行なうことができる。機械はテープを一マス左へ動かし、一マス右へ動かし、0を消去して1を印刷し、1を消去して0を印刷することができる。機械は「条件Cで行動Aを遂行する」という形式の規則に従ってこれらの操作を遂行する。そのような規則がプログラムと呼ばれる。近代コンピュータは0と1の二進法コードで情報をコード化し、コード化された情報を電子インパルスへと翻訳し、そして、プログラムの規則に従って情報を処理する。

われわれがたいへん多くのことをこのようなひとつの限られたメカニズムで行なうことができるようになったということは、二十世紀の最も驚くべき知的到達のひとつである。しかし、現在の目的において重要なのは、そのメカニズムが記号操作の観点から完全に定義されるという点である。そのように定義される計算は、純粋に統語論的な操作である。それは、プログラムの実行に関わる記号の唯一の特徴が、形式的あるいは統語論的な特徴であるという意味においてである。しかし、われわれは自分自身の経験から、心のなかには形式的記号の操作以上のことを行なう何かがあることを知っている。すなわち、心には内容がある。たとえば英語で考えているとき、われわれの心のなかをとおっていく英単語は、単に解釈されない形式的記号ではない。われわれはそれらが意味していることを知っているのである。われわれにとって、それらの単語には意味がある、あるいは意味論がある。心は単なるコンピュータ・プログラムではありえない。なぜなら、コンピュータ・プログラムの形式的記号は、それだけでは、実際の心に起こる意味論的内容の現前を保証するに足るものではないからである。

私はこの点を単純な思考実験によって説明した。あなたが理解できない言語で質問に答えるために、プログラムの処理を行なうことを想像してほしい。私は中国語が理解できない、そして、私は自分が中国語の記号〔漢字〕が詰まったたくさんの箱（データベース）がある部屋に閉じ込められていると想像しよう。私は中国語の記号の少量の束（中国語の質問）を渡される。そして、私が何をすべきか、ルールブック（プログラム）で探す。私はそのルールに従っていくらかの記号処理を遂行し（すなわちプログラムの処理を行ない）、記号の少量の束（質問にたいする答え）を部屋の外の人たちへと返す。私は中国語で質問に答えるプログラムを実行するコンピュータであるが、それでもやはり私は中国語を一単語も理解していない。そして以下の点が重要である。私は、中国語を理解するためのコンピュータ・プログラムをひたすら実行しているだけであり、中国語を理解してはいない。そうであるなら、中国語を理解するためのコンピュータ・プログラムの実行にもとづいて処理を行なっているだけのいかなるデジタル・コンピュータもまた、中国語を理解していることにはならない。そのようなコンピュータはどれも、私と同じことしかしていないのだから。

これは、繰り返さなければならないのが恥ずかしいような単純で決定的な議論だが、私がこれを発表して以来数年のうちに一〇〇以上もの反論が発表されたにちがいなく、そこには本書で論じている著書の一人であるダニエル・デネットの『解明される意識』も含まれている。〈中国語の部屋の論法〉――とそれは呼ばれるようになった――は、単純な三段構造をしている。

1　プログラムは全面的に統語論的である。
2　心には意味論〔的内容〕がある。
3　統語論は意味論と同じでもなければ、それだけでは意味論にとって十分でもない。

それゆえ、プログラムは心ではない。以上証明終わり。

これらの段階をこのうえなく明白で自然な仕方で理解してもらいたい。第一段階はチューリングの定義の基本的特徴をはっきりと述べているだけである。その定義とは、書き込まれたプログラムは統語論的存在者に関する規則にだけ、つまり記号操作の規則にだけ存する、そして、実行されるプログラム、つまりプログラムを実際に走らせることは、まさにそうした統語論的操作にだけ存する、というものである。実行するためのメディアの物理的性質――すなわち私の目の前にあるコンピュータの物理的・電気的・化学的特性――は、計算と無関係である。唯一の物理的な要件とは、機械がプログラム処理を実行するのに十分な容量と安定性を備えていなければならない、ということである。現在、この目的のためにたまたまシリコンチップが利用されているが、シリコンの物理的・化学的性質とコンピュータ・プログラムの抽象的な形式的特性のあいだには、本質的な関係はまったくない。

第二段階は人間の思考について誰もが知っていることを述べているだけである。すなわち、単語や他の記号を用いて考える際、われわれはそれらの単語や記号が意味することを知っていなければならないということである。それゆえ、私は英語では考えることができるが中国語では考えることができない。私の心には、心のなかをとおっていく解釈されない形式的記号以上のものがある。つまり心には心的内容あるいは意味論的内容がある。

第三段階は〈中国語の部屋〉という思考実験が示している一般原理を述べている。その一般原理とは、形式的記号を操作することだけでは意味論的内容を持つことを構成しないし、それだけでは意味論的内容の現前を保証するのに十分ではない、というものである。本当に〔中国語を〕理解している人の行動をどれだけうまく模倣することができるかだとか、記号操作がどれだけ複雑であるかだとか、そんなことは問題ではない。統語論的プロセスだけから意味論を搾り出すことはできないのである。

この議論を論駁するには、これらの前提のひとつが誤りであること示さなければならないだろうが、それはあまり期待できそうにない。

『ニューヨーク・レヴュー・オヴ・ブックス』誌に寄せられた数多くの手紙で、この議論にたいする誤解が明らかになった。なかには私が「機械は考えることができない」ということを、あるいは「コンピュータは考えることができない」ということをも証明しようとしていると思っている人もいた。これらはどちらも誤解である。脳は機械、すなわち生物学的機械であり、考えることができる。それゆえ、少なくともいくつかの機械は考えることができるし、われわれが知るかぎりでは、考えることができる人工脳を作るのは可能だろう。さらに、人間の脳もときに計算をしている。たとえば、人間の脳は二と二を足して四を得る。それゆえ、コンピュータの定義のひとつにもとづけば、脳は計算をするのでコンピュータである。それゆえ、考えるコンピュータはある。たとえばあなたの脳や私の脳がそうである。

　別の誤解に、私が、ある任意の物理的コンピュータがひとつの「創発特性」として意識を持つかもしれないことを否定しているというのがある。結局、脳が創発特性として意識を持つことができるなら、なぜ他の機械装置は持つことができないのか。しかし、〈強いＡＩ〉は創発特性を生み出すコンピュータ・ハードウェアの特殊な能力に関するものではない。どのような商業用コンピュータにも、あらゆる種類の創発特性がある。私のコンピュータは熱を発するし、うなるし、あるプラグラムを実行しようとするとブンブンとなり、ガリガリと音を立てる。これらはすべて〈強いＡＩ〉とまったく無関係である。〈強いＡＩ〉は、何らかのハードウェアが熱を発するような仕方で心的状態を発したり、ハードウェアの特性が心的状態を持つようにシステムを引き起こしたりすることを要求しない。むしろ〈強いＡＩ〉が要求するのは、いかなるハードウェアであっても、それに正しいプログラムを実行すれば、心的状態を構成できるということである。繰り返そう。〈強いＡＩ〉のテーゼは、コンピュータが創発特性として心的状態を発したり持ったりするということではなく、むしろ実装されたプログラムがそれ自身で心を持つことを構成するということである。すなわち、実装されたプログラムがそれ自身で心的生を保障するということである。そして、このテーゼこそ、〈中国語の部屋の論法〉が論駁しているものなのである。この論駁がわれわれに思い起こさせるのは、プログラムが純粋に統語論的に定義されているということ、そして、統語論だけでは心的・意味論的内容の存在を保証するのに十分ではないということである。

私は、この椅子が意識を持たないというアプリオリな証明を提案しないのと同様に、この物理的コンピュータは意識を持たないというアプリオリな証明を提案しない。生物学的にいって、私は、それらが意識を持っているかもしれないなどという考えは問題外だと思っている。しかし、いずれにせよ、それは〈強いＡＩ〉とは無関係である。〈強いＡＩ〉はプログラムに関するものであり、シリコンや他の物理的実体の創発特性に関するものではない。

いまや、私には、〈中国語の部屋の論法〉は、〈強いＡＩ〉が少なくとも誤っているということを認める点で、〈強いＡＩ〉に譲歩しすぎているように思える。私はいまや、〈強いＡＩ〉は矛盾していると思う。理由を説明しよう。私がいまこのことを書いている機械について、いかなる事実がその操作を統語論的で記号的なものにしているか、考えてもらいたい。その物理的性質に関するかぎり、その機械は非常に複雑な電気回路に過ぎない。それらの電気パルスを記号的なものにする事実は、本のページに記されたインクのマークを記号的なものにする事実と同種のものである。すなわち、われわれはこれらのものを記号として扱い、用いることができるように、これらのシステムをデザインし、プログラムし、印刷し、生産したのである。要するに、統語論はシステムの物理的性質に内在するのではなく、見る者の眼のなかにあるのだ。実際に計算を行なっている意識的主体が、たとえば二と二を足して四を得るケースを除けば、計算は消化や光合成のような自然に内在するプロセスではなく、その物理的性質にコンピュータ計算による解釈を与える何らかの主体に相対的にしか存在しない。結論はこうなる。すなわち、そのコンピュータ計算は自然に内在するものではなく、観察者や使用者に相対的なのである。

これは重要な点なので繰り返しておこう。自然科学が主として扱う特性は、その存在が誰かが考えるものに依存しないという意味において〈自然に〉内在的な、観察者から独立した特性である。そのような特性の例に、質量、光合成、充電、有糸分裂がある。社会科学がしばしば扱う特性は、その存在が、人間がそれをいかに扱うか、使うか、あるいはどう考えるかに依存しているという意味において、観察者に依存した、あるいは観察者に相対的な特性である。そのような特性の例として、お金、財産、婚姻がある。たとえば、一枚の紙切れがお金であるのは、人々がそれをお金だと考えるという事実に相対的である。この対象がセルロース繊維からできているという事実は、観察者から独立しており、これが二〇ドル札だという事実は観察者に相対的である。目の前の紙を読むとき、あなたはインクのマークを見ている。インクのマークの化学的組成は〈自然に〉内在するものであるが、それらが英単語であり、英語の文であり、または他の種類の記号であるという事実は観察者に相対的である。私の現在の意識状態はこの意味において〈自然に〉内在するものである。つまり、私は、他人がどう考えようと、意識を持っている。

では、計算の場合はどうだろう。それは観察者から独立しているのか、それとも観察者に相対的なのか。たとえば、意識を持った人間が、二と二を足して四を得るという古風な意味で実際に意識的に計算するような限られたケースがある。そのようなケースは、それらが実際に計算であるために、外部の人間によって計算として扱われたり考えられたりする必要がないという意味で、明らかに観察者から独立している。しかし、商業用コンピュータはどうだろうか。たとえば、私の目の前にある機械はどうだろうか。物理的性質や化学的性質に関するいかなる事実が、これらの電気パルスを計算の記号にするのだろうか。そのようないかなる事実もない。「記号」「統語論」「計算」という語は、「地殻プレート」「電子」「意識」のような、自然に内在する特性を指す名前ではない。電気パルスは観察者から独立している。しかし、計算の解釈は観察者、使用者、プログラマーなどに相対的である。計算の解釈が観察者に相対的であるということは、それが恣意的であったり不規則であったりすることを意味しない。望ましいかたちの計算の解釈を実行することができる機械装置の設計と開発に、甚大な努力と資金がつぎ込まれている。

われわれの現在の議論の帰結は、「脳はデジタル・コンピュータか」という問いには明確な意味が欠けている、というものだ。もし「脳は、〔自然に〕内在するものとして、デジタル・コンピュータであるか」と問うなら、その答えは言うまでもなくノーである。なぜなら、心の思考プロセスから離れて〔自然に〕内在するものとしてデジタル・コンピュータであるものは何もないからである。何かがコンピュータであるのは、それが計算という解釈の付与に相対的な場合だけである。

もし「計算の解釈を脳に付与できるか」と問うなら、その答えは言うまでもなくイエスである。なぜなら、計算の解釈はあらゆるものに付与できるからである。たとえば、私の目の前にある窓は実に単純なコンピュータである。開いている窓＝1、閉じている窓＝0。つまり、0と1を割り当てることができるものは何でもコンピュータであるとするチューリングの定義を受け入れるなら、窓は単純で平凡なコンピュータということになる。〔しかし〕人間の解釈から独立して、自然のなかに計算のプロセスを見つけることはできないだろう。というのも、あなたが見いだすいかなる物理的プロセスも、何らかの解釈に相対的な場合にのみ、計算だからである。これは明白な点であり、私はずっと前にこれに気づくべきだった。

結論は次のようになる。すなわち、〈強いＡＩ〉は、その「唯物論」を、そして脳は機械であるという考え方を誇っているが、唯物論には程遠い。脳はまさに機械であり、有機的な機械である。そして、ニューロンの発火のようなそのプロセスは、有機的な機械のプロセスである。しかし計算は、ニューロンの発火や内燃のような機械のプロセスではない。むしろ、意識を持った観察者と解釈者に相対的にのみ存在する、抽象的な数学的プロセスなのである。われわれ自身のような観察者は、シリコン基盤の電子機械の上で計算を実行する方法を見つけたが、だからといって計算が電子的あるいは化学的なものになるわけではない。

これは〈中国語の部屋の論法〉とは別の議論だが、より深いものだ。〈中国語の部屋の論法〉が示したのは、意味論は統語論に本来備わっていないということである。そしてこのことは、統語論が物理的性質に内在しないということを示しているのである。

私は〈強いＡＩ〉を認めないが、〈弱いＡＩ〉は受け入れる。本書で論じる著者のうち、デネットとデイヴィッド・チャーマーズは〈強いＡＩ〉を支持しており、ロジャー・ペンローズは〈弱いＡＩ〉さえ認めない。彼は心はコンピュータ上で模倣され得ないと考えている。神経生物学者のジェラルド・エーデルマンは、〈強いＡＩ〉に抗して〈中国語の部屋の論法〉を受け入れ、彼自身のいくつか他の議論を提起しているが、〈弱いＡＩ〉は受け入れている。事実、後に見るように、彼は自身の脳研究でコンピュータ・モデルを強力に用いている。

それでは、われわれを悩ませている問題に脳研究がいかに答えられるようになるのかについて、私の一般的な立場を要約しよう。脳は他の臓器と同じくひとつの臓器であり、有機的な機械である。意識は、脳内の低次のニューロン・プロセスによって引き起こされ、それ自体が脳のひとつの特性である。それは、あるニューロンの活動から創発する特性なので、われわれはそれを脳の「創発特性」として考えることができる。あるシステムの創発特性は、そのシステムの要素の振舞いによって因果的に説明できるものである。しかしそれは、いかなる個々の要素の特性でもなく、それらの要素の特性の総和として単純に説明することもできない。水の液体性が好例である。H_2O 分子の振舞いは液体性を説明するが、個々の分子は液体ではない。

コンピュータは、他の学問分野において演じるのと同じ役割を、脳の研究においても演じる。コンピュータは、脳のプロセスをシミュレーションするのに非常に役に立つ装置である。しかし、爆発のシミュレーションが爆発そのものではないのと同様に、心的状態のシミュレーションも心的状態〔そのもの〕ではないのである。

第二章　フランシス・クリック、結びつけ問題、そして四〇ヘルツの仮説

最近まで、科学者のなかでは意識の問題に取り組むことにたいする躊躇があった。今やそれはすべて変化し、哲学者だけでなく、生物学者、数学者、物理学者たちがこのテーマについて膨大な数の書物を書いている。私が考察しようとしている科学者の一人、フランシス・クリックは、『DNAに魂はあるか――驚異の仮説[1]』のなかで、脳がいかに機能しているのかに関して知られていることがらを、最も単純かつ直接的に説明しようとしている。その著書の基礎になっている「驚異の仮説」とは、

「あなた」、つまりあなたの喜怒哀楽、記憶や希望、個人的アイデンティティの感覚と自由意志は、実のところ、無数の神経細胞の集まりとそれに関連する分子の振舞い以上の何ものでもない、という仮説である。(p. 3. 邦訳　一三頁)

私はクリックの著書についての書評をいくつか見た。それらは次のような苦言を呈している。すなわち、われわれの頭蓋骨のなかで起こっていることがわれわれの心的生活全体の原因であるなどと言われても、そんなことは今日では驚くに値しないし、わずかでも科学教育を受けた者ならクリックの仮説を至極当然のものとして受け入れるだろう、と。私はこれがフェアな苦言だと思わない。クリックの驚異には二つの部分がある。一つめは、われわれの心的生活はすべて、脳内に物質的に存在するということ――そして実のところこのことはそれほど驚異ではない――だが、二つめは、もっと興味深いことに、心的生活の原因となる脳内の特定のメカニズムが、ニューロンと、神経伝達分子のようなニューロンに関連する分子であるということである。私は実際、生物学的システムの特異性にいつも驚かされている。脳の場合の特異性は、脳が何をしているのかを知ることだけからは予期しえないような形式をとることである。もしあなたが血液を送り出す有機的な機械をデザインしているなら、あなたは心臓のようなものを思いつくかもしれない。しかし、意識を作り出す機械をデザインするとき、いったい誰が何千億ものニューロンを思いつくだろうか。

クリックが、意識についての因果的説明を還元主義的な意識の消去から区別しているかどうかはっきりしない。先に引用した文章では、あたかも、われわれがニューロンの発火に加えて意識的経験を持つことを、彼が否定しているように見える。しかし、その本を注意深く読んでみると、彼が言わんとしていることは、私が以前に提出した主張に似ているとわかる。私の主張とは、われわれの意識的経験のすべてはニューロンの振舞いによって説明され、意識経験そのものがニューロン・システムの創発特性である、というものである。

クリックが主張する説明は、今日の標準的な神経生物学の標準的な学説であり、この本を読みそうな人々をほとんど驚かすことはないだろう。だからといって、脳がとても限られたメカニズムであれだけ多くのことをしているそのやり方がいかに驚くべきことかを無視してはいけない。さらに、この分野の研究者の誰もが、ニューロンが本質的な機能的要素であるということに同意しているわけでもない。ペンローズは、ニューロン〔という微小なもの〕でも大きすぎると思っているし、それよりもはるかに小さな量子力学的現象のレベルで意識を説明しようとしている。エーデルマンは、ニューロンがほとんどの機能にとっては小さすぎると考え、「神経細胞群」(neuronal group)を機能的要素と見なしている。

クリックは意識の問題へと入り込むための端緒として、視知覚を取り上げる。これはよい選択だと思う。というのも、脳科学における実に多くの仕事は、視知覚に関する解剖学と生理学の分野で行なわれてきたからである。しかし、それに関してひとつ問題なのは、視覚システムの操作は驚くほど複雑だということである。群衆のなかで友人の顔を認識するという単純な行動にも、現時点でわれわれが理解できているよりもはるかに多くの処理を経由する必要がある。私の推測では――単なる推測に過ぎないが――われわれが最終的にニューロンの発火がいかにして意識や感覚を引き起こすのかを理解するのに成功するとすれば、人間の脳内のより単純なシステムを理解することによってであるように思える。しかしながら、これは〔われわれの〕興味、いや魅惑を損ねることで

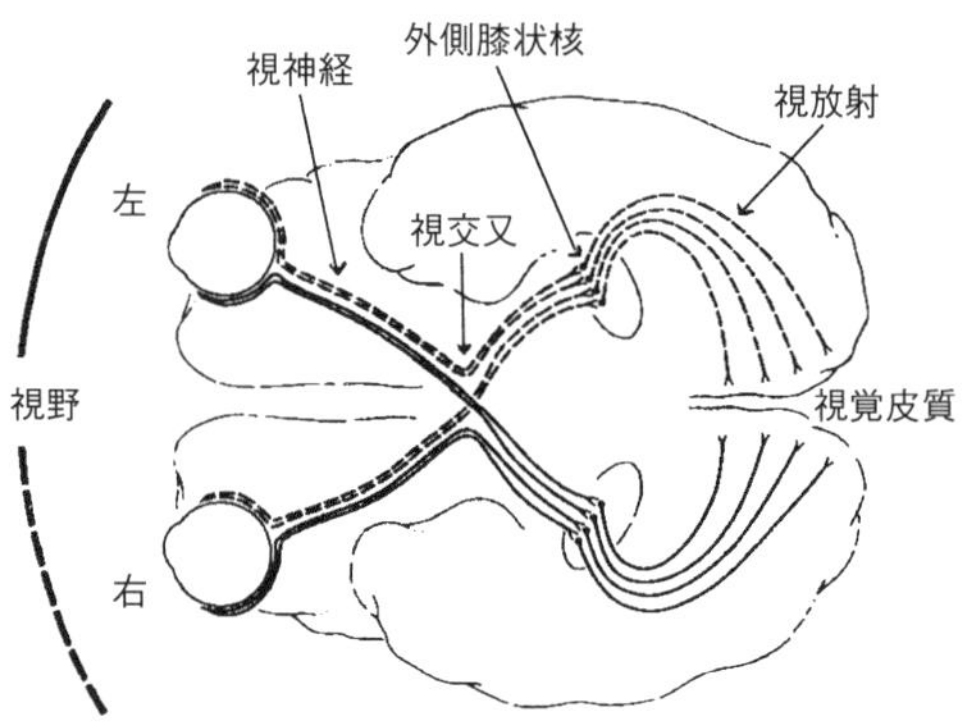

図1　脳の下の方から見た初期視覚経路の略図。右の視野が脳の左半分へ影響を与え、逆も同じであることに注目。右の視野と関連する結びつき〔経路〕は破線で示されている。

はない。この魅惑によって、クリックはわれわれを、網膜内の細胞の諸層をとおって、外側膝状核へ、そして視覚皮質へと戻り、その皮質のさまざまな領域へと導くのである。

それがどのように詳細に機能しているのかはわからないが、概略を示すことはできる（図1）。物体に反射した光の波動は、眼球の網膜内の光受容細胞に当たる。これらの細胞は有名な桿状体と錐状体であり、五層の網膜細胞のうち、信号が通っていく最初の層を形成する。

他の四層はそれぞれ水平細胞、双極細胞、アマクリン細胞、神経節細胞と呼ばれる。神経節細胞は多かれ少なかれ視神経へと信号を発し、その信号は視神経を通って視交叉を越え、外側膝状核（LGN）と呼ばれる脳の中心部分に至る。LGNはある種の中継局のように働き、後頭部にある視覚皮質に信号を送る。かつて、私がこれらの問題にはじめて興味を覚えた時、視覚皮質には三つの部分があると考えられており、K・ブロードマン〔一八六三―一九一八。ドイツの神経心理学者〕は今世紀初めに有名な脳の地図を描いた際、それらを一七野、一八野、一九野と名づけた。今では、この分類は大雑把過ぎると考えられている。現在視覚野は、V1、V2など、七つに分けられている。いずれにせよ、信号はさまざまな視覚野を通り、LGNに相当量がフィードバックされる。最終的にこのプロセス全体が意識的な視覚経験を引き起こしているのだが、それが正確にはどのようにして起こっているのかということを、われわれは解明しようとしているのだ。

ニューロンはどのように機能しているのだろう。ニューロンは他の細胞と同じような細胞であり、細胞膜と中心核を持っている（図2）。しかしながらニューロンは、ある注目すべき点において、解剖学的にも生理学的にも、他の細胞とは異なっている。ニューロンにはさまざまなタイプがあるが、典型的なありふれたタイプは、一方からは軸索と呼ばれる長めの糸状の突起を伸ばし、もう一方には樹状突起と呼ばれる枝分かれした棘状の、やや短めの、先の尖った糸の束がある。

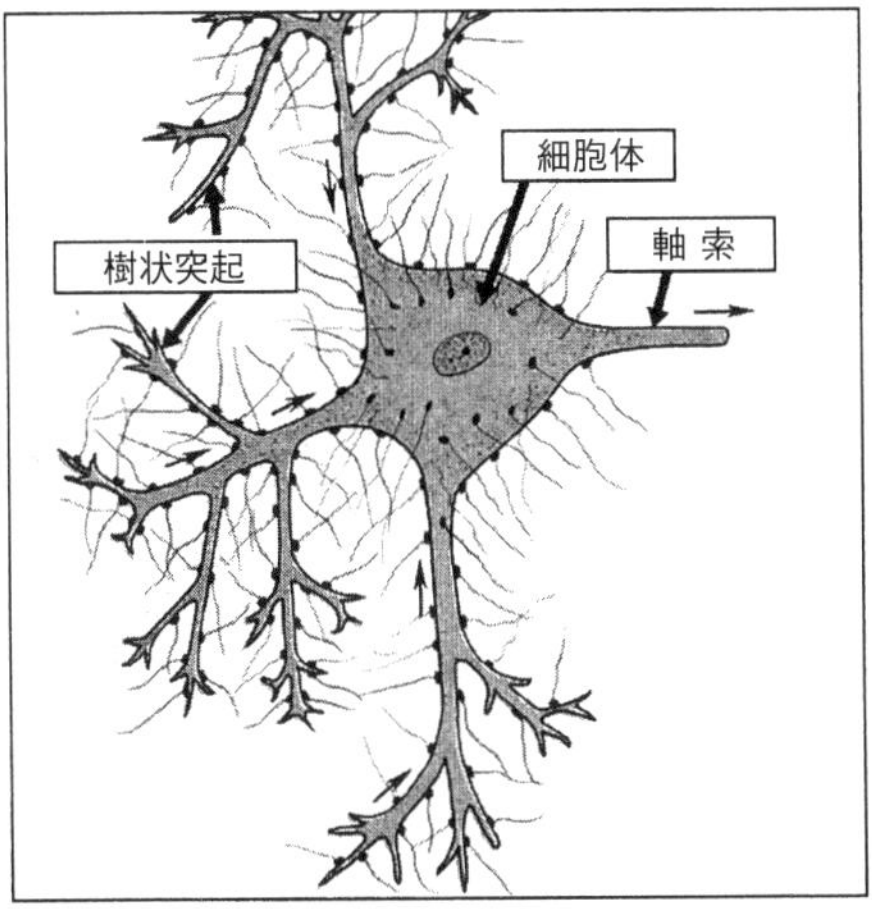

図2　ニューロンの細胞体と樹状突起上のシナプス小頭を示す典型的な運動ニューロン。1本の軸索にも注目。

それぞれのニューロンは樹状突起から信号を受けとり、その細胞の胴体部すなわち細胞体内でそれらを処理し、次いで軸索を通して隣に並んでいるニューロンへと信号を送る。ニューロンは電気インパルスを軸索へと送ることによって発火する。しかしながら、ひとつのニューロンの軸索はほかのニューロンの樹状突起と直接にはつながっておらず、信号がある細胞から隣の細胞へと伝達される個所には、シナプス間隙と呼ばれる小さな空隙がある（図3）。シナプスは普通は「ボタン」あるいは「シナプス小頭」と呼ばれる軸索の瘤からなる。これは、大まかにいえばキノコのような形状で突き出ていて、普通は樹状突起の表面にある針状の突起の隣に位置している。ボタンと後シナプス樹状突起の表面の間の領域がシナプス間隙であり、ニューロンが発火するとき、信号はここを通って伝達される。

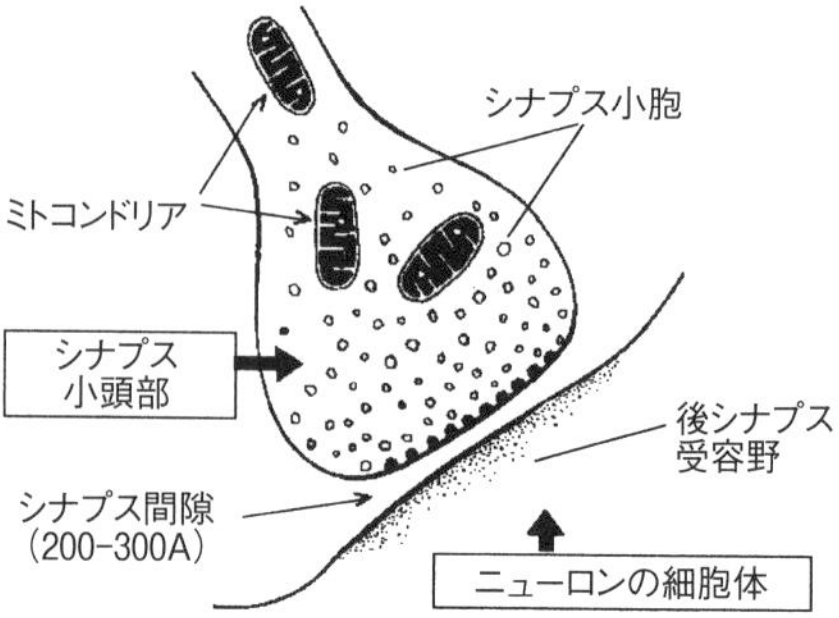

図3　シナプスの生理学的解剖

　信号が伝達されるのは、ボタンと樹状突起表面の間の直接的な電気的連結によってではなく、神経伝達物質と呼ばれる少量の流体の放出によってである。電気信号が細胞体から軸索、そしてボタンの末端まで伝わると、シナプス間隙のなかに神経伝達物質が放出される。これらによって、後シナプス樹状突起側の受容体と交信がなされる。交信によって扉が開き、イオン――電荷を帯びた原子や原子の集合――が樹状突起側へと流れ込んだり、そこから流れ出たりする。そしてそうなることで樹状突起の電荷が変わる。そのパターンは次のようになる。軸索側に電気信号があると、それに続いてシナプス間隙内に化学的伝達が起こり、それに続いて樹状突起側に電気信号が起こる。細胞は樹状突起から信号の束すべてを受け取り、その細胞の胴体部〔細胞体〕で信号が加重され、この加重にもとづいて、その発火率を隣に並んでいる細胞に対して調節する。

ニューロンは興奮性信号、すなわち発火率を上げる傾向のある信号と、抑制信号、すなわち発火率を下げる傾向のある信号の、両方を受けとる。きわめて奇妙なことに、それぞれのニューロンは、興奮性信号と抑制信号の両方を受けとるのに、送るときにはそのうちの一つだけ、あるいは別のタイプの信号を送る。われわれが知るかぎりでは、ほとんど例外なく、ニューロンは興奮性ニューロンか抑制ニューロンかそのいずれかである。

ここで驚くのは、われわれの心的生活に関するかぎり、私がニューロンについてたったいま述べた話が、われわれの意識生活の因果的基盤のすべてである、という点である。イオン・チャネル、受容体、さまざまなタイプの神経伝達物質については詳述しなかったが、われわれの心的生活の全体はニューロンの振舞いによって引き起こされ、そのニューロンが行なっているのはただ発火率を上げたり下げたりすることだけなのだ。たとえば、われわれが記憶を保存するとき、何らかの仕方でニューロンの間のシナプス結合に記憶を保存しなければならないように思われる。

クリックは、非常にたくみに脳の機能の単純な説明を要約しているだけでなく、それを心理学、認知科学、そしてとりわけニューロナル・ネット・モデリングにおけるコンピュータの使用などを含む他の関連分野の多くの研究と統合しようとしている。

クリックは概して哲学者や哲学に敵対している。しかし、哲学を軽く見ると、哲学的間違いを犯すことになる。そのような間違いのほとんどは、彼の主要な議論に深刻なダメージを与えるものではないが、厄介かつ不必要なものだ。次に、私が実に深刻だと思う三つの哲学的間違いを述べてみよう。

第一に、彼はクオリア問題を誤解している。彼はそれを、何よりもまず、ある人が他の人のクオリアについて知る方法についての問題だと考えている。「問題は、私がたいへん鮮明に知覚している赤色の赤さを、そのまま正確に他人に伝えることはできない、という事実から来ている」(p.9〔邦訳二三頁〕)。しかしそれはクオリア問題ではなく、むしろこの問題のごく一部に過ぎない。私が完璧に近い知識を持っている人のクオリアのシステム(たとえば私自身のクオリア)においてさえも、クオリアの問題は重要である。つまり、物理的で、客観的で、量的に記述できるニューロンの発火が、いかにして質的で、個人的で、主観的な経験を引き起こすことが可能なのか。素朴な言い方をすれば、いかにして脳は電気化学から感じ(feeling)への壁をわれわれに越えさせるのか。それは、心身問題の難解な部分であり、意識が脳のプロセスによって引き起こされること、そしてそのこと自体がまさに脳の特徴であることをわれわれが理解した後にも残る問題である。

さらに、クオリア問題は単に意識の問題の一側面であるばかりではない。意識の問題そのものなのである。あなたは意識の他のさまざまな特徴——たとえば、色を識別する視覚システムの力——について語ることができるが、意識的な識別について語っているかぎり、あなたはクオリアについて語っているのである。「クオリア」という用語は誤解を招くものだと思う。というのもこの用語は、ある意識状態のクワーレ〔クオリアの単数形〕を、意識の他の部分から削ぎ落として脇に置いておくことができるかもしれないことを示唆しているからである。あたかも、意識の主観的で質的な感じを無視しておきながら、意識の問題の他の部分について語ることができるかのように。しかし、クオリアを脇へ置いておくことはできない。そんなことをしたら、意識はまったく残らないからである。

第二に、クリックは、意識をニューロンの発火へと還元する説明において、矛盾している。彼は還元主義的に語っているが、彼が行なっている説明は本質的にまったく還元主義的ではない。むしろ、彼が区別し損ねた少なくとも二つの意味の「還元」がある。一方の意味では、還元は消去的である。われわれは、還元される現象を、それが実は他の何かであると示すことで、消去する。日没が好例だ。太陽は実はタマルパイス山〔アメリカ合衆国サンフランシスコにある山。美しい夕日で有名〕に沈むのではない。むしろ、太陽が沈むように見えるのは錯覚であり、それは太陽に相対的な地軸を中心として地球が自転していることによって完全に説明できる。しかし、もう一方の意味の還元においては、われわれはある現象を説明するためにその現象を消去しない。それゆえ、ある物体の固体性は分子の振舞いによって完全に説明されるが、だからといっていかなる物体も実は固体ではないとか、固体性と液体性のあいだにいかなる区別もないということにはならない。さてクリックは、あたかも意識の消去的還元を望んでいるかのように語っているが、実際には彼の本における議論は因果的説明に向かっている。彼は、意識が実は存在しないということを示そうとはしていない。意識は脳の創発特性だと言うとき――そのことは私には完全に正しいと思えるが――彼はヘマをやらかしている。彼が言うには、複雑な感覚は「脳のなかの数多くの部位の相互作用によって生じる」(p. 11 sin. p. 1. 邦訳 二六頁)創発特性なのである。

不思議なのは、クリックが因果的創発主義を実践しながら消去的還元主義を説いていることである。意識の消去的還元にたいする哲学における標準的な反論は、たとえ神経生物学という完璧な科学を持ち合わせていたとしても、二つの際立った特徴、たとえばニューロンの発火の神経生物学的パターンと痛みの感じ(feeling)が残るであろう、というものである。ニューロンの発火は、感じを引き起こすが、その感じと同じものではない。この反論は、とりわけトマス・ネーゲル(一九三七―。アメリカの哲学者。専門は認識論、心の哲学)、ソール・クリプキ(一九四〇―。アメリカの哲学者。専門は言語哲学)、フランク・ジャクソン(一九四三―。オーストラリアの哲学者。専門は認識論、心の哲学)、そして私といった哲学者によってさまざまなかたちで繰り広げられている。クリックは誤って、反還元主義にたいするある反論、すなわちポール・チャーチランド(一九四二―。カナダ出身のアメリカの哲学者。専門は心の哲学、神経哲学)とパトリシア・チャーチランド(一九四三―。カナダ出身のアメリカの哲学者。専門は心の哲学、神経倫理学)による議論を支持している。彼らの議論は粗悪なものであって、私がなぜそう思うのかを説明したほうがいいだろう。彼らは、標準的な哲学的説明が、明らかに欠陥のある次のような議論に依拠していると考えている。

1　サムは彼の感じ（feeling）が痛みであることを知っている。
2　サムは彼の感じがニューロンの発火のパターンであることを知らない。
3　それ故、サムの感じはニューロンの発火のパターンではない。(2)

チャーチランド夫妻はこの議論が誤っていると指摘しているが、彼らはそれが彼らの敵対者によって使われていると考えている点で間違っている。彼らが攻撃している議論は「認識論的な」も、つまり、知識に関する議論なのである。しかし、意識の還元不可能性に関する議論は、認識論の議論ではない。それは事物が世界においてどのようにあるのかに関する議論、つまり、存在論に関する議論なのである。それの説明の仕方はさまざまだとしても、それぞれの根本的な点は同じである。すなわち、痛みの真に質的な感じは、その痛みを引き起こすニューロンの発火のパターンとはまったく異なった脳の特性である、という点である。それゆえ痛みをニューロン発火に因果的に還元することはできるが、それは存在論的還元ではない。つまり、なぜ痛みを感じるのかについて完璧に因果的説明をすることはできるが、だからといって痛みが本当は存在しないということにはならないのだ。

第三に、クリックが提供している説明の論理構造は不明瞭であり、できるかぎり共感をもって読んだとしても、矛盾しているようにみえる。私はここまで、彼が視覚的意識についての因果的説明を試みていると解釈しており、「メカニズム」や「説明」についての彼の語りぶりは、そのような解釈を支持している。しかし彼は、脳のプロセスがいかにして視覚的気づきを生み出しているかについての因果的説明を自分が行なっているとは、決して明言していない。彼は好んで、自分は意識の「神経相関」(neural correlates)を探究している、といった言い方をする(たとえばp. 9〔邦訳二二頁〕, p. 204-207〔邦訳二七四―二七八頁〕)。しかし、彼自身の用語である「神経相関」は正しい表現ではない。第一に、相関とは二つの異なるものの関係のことだが、二つのものの関係は、彼が自分で支持していると考えている消去的還元主義とは矛盾する。消去的還元主義の考えでは、たった一つのもの、つまりニューロンの発火しかない。第二に、より重要なことは、もし還元主義の誤りを取り除いたとしても、相関そのものは何も説明しないだろう。稲妻の光景と雷鳴の音を考えてみよう。その光景と音は、完全に相関しているが、因果的理論なしには説明ができない。

さらに、クリックは、視覚経験と、その視覚経験がまさにそれについての経験であるところの世界内の対象との関係について、不明瞭である。彼はときおり、視覚経験が世界の「記号的記述」(p. 32)あるいは「記号解釈」(p. 33)であると言っている。彼はときおり、神経プロセスは世界内の対象を「表象する」(p. 206)と言っている。彼は、われわれが世界内の対象についての直接的な知覚的気づきをもっていることを否定することにさえなり、そのために十七世紀の哲学から取られた粗悪な議論を用いている(p. 33〔邦訳五七頁〕)。彼は、われわれの解釈は時に間違うことがありうるので、世界内の対象についての直接的な知識はない、と述べている。この議論は、デカルトにもヒュームにも見られるが、誤りである。われわれの知覚経験がつねに脳のプロセスによって媒介されている(ほかにどのようにして知覚経験を持ちうるだろうか)からといって、また、経験は概してさまざまな種類の錯覚に従属しているからといって、われわれが現実の世界を決して見ることがなくただ世界の「記号的記述」あるいは「記号解釈」だけを見ている、ということにはならない。私が自分の腕時計を見るといったよくあるケースでは、私は本当に現実の腕時計を見ている。腕時計の「記述」や「解釈」を見ているのではない。

クリックはまずい仕方で哲学から助言を受けたと思うが、幸いその哲学的混乱は取り除くことができるし、依然として優れた一書である。結局彼が望んでいると思われること、そしてとにかく私が望んでいることは、視覚的な意識であれ、それ以外の意識であれ、意識についての因果的説明なのである。物体に反射した光子は、網膜の光受容細胞に当たり、このことが一連のニューロンのプロセスを開始させ(網膜は脳の部位である)、これらすべてがうまくいくと、結果的に、最初に光子を反射したまさにその物体の知覚である視覚経験が帰結する。これが、彼も同意してくれると私が期待する、意識の因果的説明についての正しい考え方である。

では、意識の問題にたいするクリックの解決とはいかなるものか。クリックの本の最も魅力的な点のひとつは、われわれがいかに少ししか知らないかを認めようとする彼の意欲、いや熱意である。しかし彼は、われわれがまさに知っていることにもとづいて、いくつかの推測を行なっている。意識に関する彼の推測を説明するには、神経生物学者たちのいう「結びつけ問題」(binding problem)

についていくらか語る必要がある。視覚システムには細胞と、色、形、動き、輪郭、角度といった対象の個々の特徴に反応する領野が実際にあることが知られている。しかし、われわれがある対象を見る時には、単一の対象についての統一された経験を持つ。いかにして脳は、これらさまざまな刺激のすべてを、ひとつの対象についての単一の統一された経験へと結びつけているのか。この問題はさまざまな知覚の様態へと拡張できる。ある時点での私の経験はすべて、ひとつの大きな統一された意識経験の一部である。それゆえ、たとえば、私が視覚的意識について考えているまさにこの瞬間、私がコンピュータ端末を見ているまさにこの瞬間、私は左目の端で飼い犬を見ることができるし、椅子にかかる自分の体重を感じるし、窓の外のせせらぎを聞くことができる。これらの経験はすべて、私が名づけることができる他のものと同じように、この瞬間の私の統一された意識状態全体の一部なのである（カントはキャッチフレーズをつけるいつもの才能でもって、これを「統覚の超越論的統一」と呼んだ）。

クリックは、結びつけ問題とは、「これらのニューロンがどのようにして一時的にひとつの単位として活動するのかという問題」（p. 208. 邦訳 二八〇頁）だと言っている。しかしそれは結びつけ問題ではない。むしろそれは、結びつけ問題を解くためのひとつの可能なアプローチである。たとえば、視覚の結びつけ問題を解くための可能なアプローチは、さまざまな研究者によって提出されてきたが、最も重要なものはヴォルフ・ジンガー〔ドイツの神経科学者。視覚の研究で有名〕と彼のフランクフルトの同僚たちによるものだ(3)。彼らはその解決が、対象の異なる特徴に反応する空間的に離れたニューロンの発火の同期化にあると考えている。たとえば、色、形、動きに反応するニューロンは、概して毎秒四〇回の発火という範囲(四〇ヘルツ)で、同時に発火する。クリックと彼の同僚であるクリストフ・コッホ(一九五六―。アメリカの神経科学者。神経科学における意識研究を推進)は、この仮説をさらに一歩進めて、この範囲(およそ四〇ヘルツだが、下は三五から上は七五ヘルツまで)で起こる同期したニューロンの発火が、もしかしたら視覚意識の「脳における相関物」かもしれない、と示唆している。

さらに、視床は意識において中心的な役割を演じているように見え、特に意識は視床と皮質をつなぐ――とりわけ皮質層の四番目と六番目をつなぐ――回路に依存しているように見える。だからクリックは、視床と皮質をつなぐネットワークにおける、四〇ヘルツの範囲内での同期した発火が、もしかしたら意識の問題を解決する鍵になるかもしれないと推測している。

クリックの推測を行なおうとする意欲は高く評価するが、推測の本質は、われわれにはまだだなすべきことがあるということを明らかにする。意識が、視床と皮質をつなぐニューロン回路における四〇ヘルツのニューロン発火率にたえず相関している、と仮定しよう。それで意識が説明できるのだろうか。否だ。それをそのまま説明として受け入れることはできない。これは大きな前進と見なされるだろうけれど、それがどのように機能するのか、なおもわれわれは知りたいだろう。それは、自動車の動きがボンネットの下にある炭化水素の酸化「と相関している」ことを知っているのと似ている。どのようなメカニズムによって炭化水素の酸化が車輪の動きを生み出すのか、すなわち引き起こすのかを、なお知る必要があるのだ。たとえクリックの推測が一〇〇パーセント正しいとわかったとしても、われわれは、どのようなメカニズムでニューロンにおける相関物が意識的な感じを引き起こすのかをなお知る必要がある。しかし、そのような説明がとるかもしれない形式についてはまだわれわれは知らないのである。

クリックは良質の役立つ本を書いた。彼は多くのことを知っており、そのことについて明快に説明している。私の反論のほとんどは、彼の哲学的主張や前提にたいするものだが、この本を読むときに、読者はそういった哲学的な部分は読み飛ばして、ただ視覚の心理学と脳科学についてのみ学ぶことができる。この本の神経生物学的部分の限界は、そのテーマの現時点での限界である。われわれは視覚心理学と神経生理学がいかに結びつくかを知らないし、脳のプロセスが、視覚的意識であろうがそれ以外の意識であろうが、いかにして意識を引き起こすのかを知らないのである。

第三章　ジェラルド・エーデルマンとリエントラントな写像

私がこれまでに知った意識についての神経生物学的理論のなかで、最も印象深く仕上げられ最も深遠なものは、ジェラルド・エーデルマンの理論である。本章で論じようと思うのは、『神経ダーウィニズム』と『トポバイオロジー』からはじまる叢書の第三巻と第四巻である。この叢書の目的は、脳科学を物理学や進化生物学との関係のなかに位置づける脳の広域理論を構築することである。叢書のなかで最も重要な部分は、『想起される現在』のなかで推し進められ、『脳から心へ』に要約されている意識理論である。(1)

エーデルマンの意識理論を説明するために、まずはじめに、彼が用いている中心的な概念と理論のいくつかを、とりわけ、彼が知覚カテゴリー化の理論を展開するために用いている概念と理論を、簡潔に説明する必要がある。そのための最善の方法として、エーデルマンのもくろみをクリックのもくろみと比較することからはじめよう。第二章で見たように、クリックは結びつけ問題についての説明を、意識についての一般的な説明へと拡張しようとする。「結びつけ問題」は、脳のさまざまな部位へのさまざまな刺激入力が、いかにして一つに結びつけられて、単一の統合された経験を、たとえば一匹の猫を見るという経験を生み出すのか、という問いを立てる。同様にエーデルマンは、知覚カテゴリー――かたち、色、運動から、猫や犬などの対象にまでわたるカテゴリー――の発達についての説明を、意識についての一般的説明へと拡張しようとする。つまり、クリックが視知覚のための結びつけ問題を、意識への糸口として用いているのに対して、エーデルマンは〈知覚〉カテゴリー化を〈意識への〉糸口として用いているのである。

エーデルマンにとって中核をなす一つめの考えは、地図という概念である。地図は、脳のなかにあるニューロンのシートであり、脳においては、シート上の諸々の点が、肌の表面や目の網膜といったレセプター細胞のシート上の対応する諸々の点と、体系的に関係づけられている。地図は他の地図と関係づけられてもいる。人間の視覚システムには、視覚野にかぎっても三〇以上の地図がある。ひとつの地図が脳の解剖学的構造の現実に存在する一部分と考えられている、ということを強調することが重要である。われわれが話題にしているのはニューロンのシートである。それらのシートは「地図」と同一視される。なぜなら、それらの上の諸々の点は、他のシート上の諸々の点と体系的な関係を持っているからである。そしてこのことは、われわれが手短に見ていくように、リエントリー（reentry 再入力）という現象にとって重要なのである。

二つめの中核的な考えは、彼の〈ニューロン群淘汰〉の理論である。エーデルマンによれば、われわれは脳の発達を、脳が環境からの影響を学習する問題として考えるべきではない。知覚カテゴリー化や記憶といった問題においてはとりわけそうである。むしろ、脳は生まれつき過剰なニューロン群を遺伝的に備えており、それはダーウィン的な自然淘汰のようなメカニズムによって発達する。すなわち、あるニューロン群は死滅し、他のニューロン群は生き残り強化される。脳のいくつかの部位においては、七〇パーセントものニューロンが、脳が成熟する前に死ぬ。淘汰される単位は、個別のニューロンではなく、何百から何百万もの細胞のニューロン群である。基本的な点は、脳が訓練的なメカニズムではなく淘汰的なメカニズムである、という点である。すなわち脳は、ニューロンの不動の集合における変化によってではなく、あるニューロン群を除外し他のニューロン群を強化する淘汰的プロセスによって発達するのである。

三つめの、そして最も重要な考えは、リエントリーという考えである。リエントリーとは、それによって並列信号が地図間を行ったり来たりするプロセスである。地図Aが地図Bへと信号を送り、地図Bが信号を返す。信号はAからBへと入力され、今度はAへと再入力される。エーデルマンは、リエントリーは単なるフィードバックではない、なぜなら同時に作動する多くの並列経路がありうるからである、と熱心に主張する。

では、これらすべては、いかにして知覚カテゴリーや一般化を生み出すと考えられるのだろうか。エーデルマンの文章はこの点に関してそれほど明確ではないが、次のような考えが読み取れる。すなわち、脳は解かれるべき問題を持っている、というのである。脳は、かたち、色、運動からはじまって対象――木、馬、カップ――までも含む知覚カテゴリーを発達させなければならず、一般概念を抽象化できなければならない。脳はこのことをすべて、世界があらかじめラベリングされておらず、諸々のカテゴリーへと分割されていない状況、そして、脳がいかなるプログラムも前もって持っておらず、それを導くためのいかなるホムンクルス〔先導役の小人〕も内部にいない状況において行なわなければならない。

脳はいかにしてこの問題を解くのだろうか。脳は、ある任意のカテゴリーに対して多くの刺激入力を持ち——対象の境界や縁からの刺激もあれば、対象の色からの刺激などもある——、多くの刺激入力がなされたあとで、特定のパターンのニューロン群が地図のなかで淘汰されることになる。しかしいまや、類似した信号が、ある地図のなかだけでなく別の地図のなかでも、あるいは地図群全体のなかでも、以前に淘汰されたニューロン群を活性化するだろう。なぜなら、さまざまな地図のなかでの作動は、諸々の再入力回路によって一つに結びつけられるからである。各地図は、他の地図によってつくられた弁別を、自身の作動のために用いることができるのである。かくして、ある地図はある対象の境界を理解することができるし、別の地図はその対象の運動を理解することができる。そして再入力メカニズムによって、さらに別の地図が、その対象のかたちを、その境界と運動から理解することができるのである（*The Remembered Present*, p. 72 ff.）。

それゆえ結果として、人は、世界内の諸対象についての統一された表象を、たとえその表象が脳の多くのさまざまな領域にわたって分布しているとしても、得ることができる。領域ごとにさまざまに異なる地図は、再入力経路をとおって、絶えず互いに信号を送っている。このことは、プログラムやホムンクルスを必要としないで、カテゴリー化や単純な一般化が行なわれる可能性へとつながる。互いに信号を送り合っている脳じゅうの地図を再入力によって得るとき、人は、エーデルマンが「広域写像」(global mapping) と呼ぶものを行なっているのであり、これによってシステムは知覚カテゴリー化と一般化を行なうだけでなく、知覚と行為を調整することもできる。

これはひとつの作業仮説であって、確立された理論ではない。エーデルマンは、これこそが知覚カテゴリーをつくる際の脳のはたらき方であるということを証明した、などと主張しているわけではない。しかしこの仮説は、次の事実によって少なくとも妥当なものにはなる。すなわち、エーデルマンの研究グループがあるロボット(「ダーウィンⅢ」)——諸々の知覚カテゴリーを獲得し、さまざまなメカニズムを用いることで知覚カテゴリーを一般化することができるロボット——の〈弱いＡＩ〉コンピュータ・モデルを設計したという事実によって。このロボットは、シミュレーションを施された「目」と、激しく動く「手-腕」を持っている。ロボットは、そのような目と手-腕で探索し、何かがひとつの対象である、縞模様である、デコボコしている、などと「決定する」。このロボットは、縞模様かつデコボコの対象を、縞模様かデコボコではあるが両方ではない対象から区別する(*Bright Air, Brilliant Fire*, pp. 91-93. 邦訳 一〇八—一一二頁)[2]。

ここまでのプロセスのいずれも意識的なものではない、ということを強調しておかなければならない。エーデルマンが知覚カテゴリー化について語るとき、彼は意識的な知覚経験について語っているのではない。彼の戦略は、カテゴリー化から始まる一連のプロセスから出発して意識を組み立てることであり、その一連のプロセスはあらかじめ意識的なものとして考えられてはいないのである。このプロセスが最初から意識的であると想定することは論点先取であろう。

だとすると、いかにしてわれわれは、われわれがここまでで描いてきた諸々の仕組みから意識的経験へと至るのか、が問題になる。これ以上何が必要なのだろうか。エーデルマンは『想起される現在』のほとんどをこの問いに答えることに捧げており、そしていかなる簡潔な要約も不適切なものにならざるをえない。「原意識」と「高次の意識」を区別することが不可欠である。原意識とは、彼が心象と呼ぶもの——諸々の単純な感覚作用と知覚経験のこと——を備えた意識のことで、高次の意識とは、自己意識と言語をともなうものである。エーデルマンの最大の問題は原意識を説明することである。なぜなら高次の意識は、すでに意識的なプロセスから出発して、つまり原意識をともなうプロセスから出発して組み立てられるからである。原意識を持つには、いましがた描かれたメカニズムに加えて、脳は少なくとも以下の条件を満たさなくてはならない。

1　脳は記憶を持たなければならない。エーデルマンにとって、記憶は単に蓄えるという受動的プロセスであるだけでなく、以前のカテゴリー化にもとづく再カテゴリー化という能動的プロセスである。エーデルマンは例をあげることができていないが、彼の念頭にあると思われるのは次のようなことである。たとえば、ある動物が猫の知覚カテゴリーを獲得したとしよう。その動物がこのカテゴリーを獲得したのは、猫を見るという経験をとおして、そしてその経験をリエントラント（reentrant 再入可能）な地図によって組織化することをとおしてである。すると、その動物が次に猫を見ると、同様の知覚インプットを持つことになり、それ以前に確立されたカテゴリー化を強化することで、その動物はこのインプットを再カテゴリー化する。こうしたことは、広域写像におけるシナプス集合の変化によっておこる。その動物は、単にステレオタイプを呼び起こすのではなく、猫のカテゴリーを絶えず新たにつくり直すのである。記憶についてのこのような考え方は、私には、『想起される現在』の最も力強い特徴のひとつであるように思われる。なぜならこの本が提供するのは、記憶を知識や経験の貯蔵庫とする伝統的な考えや、想起をその貯蔵庫から何かを取り出すプロセスとする伝統的な考えに対する、代替的な考えだからである。

2　脳は学習のためのシステムを持っていなければならない。エーデルマンにとって、学習は記憶だけではなく価値にも、すなわち、何らかの刺激を他の刺激よりも高く価値づけることにも、関わっている。システムが学習するためには、何らかの事柄を他の事柄よりも選好しなければならない。学習は行動の変化であり、その変化は肯定的価値と否定的価値によって統制されるカテゴリー化にもとづいている。たとえばある動物は、暗いものよりも明るいものを、あるいは冷たいものよりも暖かいものを高く価値づけるかもしれない。その動物にとって学習とは、知覚カテゴリー化や記憶を、そのような一群の価値へと関係づけることに関わっている。

3　脳はまた、自己を非自己から識別する能力を必要とする。これはまだ自己意識ではない。なぜなら、そのような識別は自己という明確な概念なしになされうるからである。しかし、神経システムは、おのれがその一部である有機体を、世界の他の部分から識別できなければならない。このような区別のための機構は、われわれの脳の解剖学的構造によって、すでにわれわれに与えられている。というのもわれわれには、外界からの信号を取り込む脳の部位――われわれに周囲の諸対象を見えるようにさせる視覚システムのような――とは異なる、空腹感のような、自身の内的状態を登録するための脳の部位があるからである。空腹感は「自己」の一部である。そして周囲の世界のなかに見られる諸対象は「非自己」の一部である。

これら三つの特徴は必要不可欠なものであるが、原意識の十分条件ではまだない。原意識についての十全な説明を得るために、さらに三つの要素を加えなければならない。

4　有機体は、時間のなかで継起的に起こる出来事をカテゴリー化するための、そして諸々の概念をかたちづくるためのシステムを必要とする。たとえばある動物は、ある特定の出来事を、たとえば視覚野を一匹の猫が横切っていくのを、知覚することができる。その動物は次に別の出来事を、たとえば視覚野を一匹の犬が横切っていくのを、知覚することができる。その動物は、猫と犬をカテゴリー化することができるだけでなく、その出来事のシークエンスを、一匹の猫に一匹の犬がついていくというひとつのシークエンスとしてカテゴリー化できなければならない。そしてその動物は、こうしたカテゴリーに対応する前言語的な概念をかたちづくることができなければならない。私は、エーデルマンが二つのカテゴリー――継起的に起こる出来事のカテゴリー化と概念の形成――を一緒くたにしてしまっていると思う。なぜなら彼は、それらが脳のなかに共通の神経生物学的土台を持っていると考えているからである。

5 ある特殊な記憶が必要とされる。システム4と、1、2、3で描かれたシステムとのあいだには進行中の相互作用があって、諸々の価値を過去の諸々のカテゴリーに適合させるための特殊な記憶システムをわれわれに与えるのでなければならない。エーデルマンは、具体的な例をまったく与えていないので、彼の代わりに私が例をつくってみよう。ある動物が冷たさよりも暖かさを高く価値づけるとしよう。その動物はこの価値を、〔かつて〕自己の内側に温かさと冷たさの経験を自己の外側から引き起こした対象のカテゴリーに、関係づける。たとえば、温かさに関しては日光の経験、冷たさについては雪の経験である。その動物は、温かさを引き起こす出来事のシークエンスと冷たさを引き起こす出来事のシークエンスに対応する諸々のカテゴリーを持っている。そしてその動物の諸々の記憶は、リアルタイムで進行中の知覚カテゴリー化に、関係づけられる。

6 最後に、そして最も重要な要素として、特殊な記憶システムと、知覚カテゴリー化に専らかかわる解剖学的システムとのあいだの、一群のリエントラントな結びつきが必要である。原意識が出現するための十分条件をわれわれに与えるのは、このような結びつきの働きである。

したがって、まとめると、エーデルマンの見解によれば、意識を持つためには以下の条件が必要であり、またそれで十分である。脳はカテゴリー化のためのシステムを持っていなければならず、また、学習のためのシステムだけでなく、エーデルマンが描いているような、学習がそこで必ずや価値とかかわるような諸々の種類の記憶を持っていなければならない。脳は、自己と世界の他の部分との区別ができなければならず、時間のなかの出来事を順序づけることができる脳の構造がなければならない。そして何よりも重要なのは、脳にはそれら解剖学的構造を結びつける全域的なリエントラントな経路が必要であるということである。

エーデルマンの文章はあまり明確だと思わないし、それには事例が欠けているという問題があると思う。以上が私にできるかぎりでの彼の議論の再構成である。彼は、自身の言葉で、みずからの理論を次のように要約している。

> 実のところ、原意識は、リアルタイムでの相互作用――過去の価値のカテゴリーの相関関係と、広域写像によって（ただし、その写像の構成要素がすでに内的状態によって変化させられる以前に）カテゴリー化されるものとしてインプットされる現在の世界との相互作用――に由来する。(p. 155)

彼は続けて次のように述べる。

> 言い換えれば、意識とは、再帰的に比較を行なう記憶の産物である。その再帰的に比較を行なう記憶においては、以前の自己‐非自己のカテゴリー化は、進行中の現在の知覚カテゴリー化

とそれらの短期間の継起に継続的に関係づけられており、その後で、そのようなカテゴリー化は、その記憶の一部になってしまうのである。(p. 155)

高次の意識は、原意識にもとづいてのみ発達することができる。すなわち動物は、言語や記号体系のような高次の能力を発達させるために、原意識を持っていなければならない。われわれ人間のような動物が高次の意識を進化させるには、感じたり知覚したりすることができるだけなく、自己-非自己の区別を記号化する——すなわち、自己という概念を持つ——こともできなければならない。そしてこの自己という概念は、社会的な相互作用をとおしてのみ出現することができるのである。さらに、このような発達は、エーデルマンの考えでは、ゆくゆくは統語論と意味論のさらなる発達につながっていく。統語論と意味論は、動物が過去、現在、未来を記号化し、現在の直接経験から自由な平面をつくりだすことを可能にする能力にかかわっている。

この要約で私は、これらすべての事柄がどのように実際の脳の解剖学的構造に当てはまるのかについての詳細を省いている。しかしエーデルマンは、脳のどの構造がどの機能を遂行すると考えているのかについて、きわめて明確である。

エーデルマンが述べる意識の装置についてはこれくらいで切り上げよう。それは強力な装置であり、エーデルマンは彼の本の大半を、その装置の含意を詳細に展開することに費やしている。再カテゴリー化としての記憶、空間と時間、概念形成、学習に不可欠なものとしての価値、言語と高次の意識の発達、そしてとりわけ精神病についての章もある。彼の思弁のうちで最も魅力的なもののひとつは、統合失調症のような特定の精神病がどのようにして再入力メカニズムの崩壊から帰結するのかについてのものである。

われわれは彼の議論を、意識についての説明としてどのように考えるべきだろうか。上述したように、それは、意識の問題を扱った神経生物学の文献のなかで、最も徹底的で深遠な試みである。クリックと同様に、エーデルマンは自身の理論の大半を思弁的なものとみなしているが、ますます結構なことである。検証すべき思弁がないなら、われわれの知にはいかなる進展もない。しかしながら、彼の思弁の主要な難点は明らかである。エーデルマンはいまのところ、そのような特徴をすべて持った脳が意識感覚（sentience）や気づき（awareness）を持つ理由を説明していない。思い出してほしい。私が言及した原意識のあらゆる特徴——知覚カテゴリー化、価値、記憶など——は、それらの構造とその構造が遂行する機能を種別化することをとおしてのみ理解されると考えられていた。われわれはそれらがすでに意識的なものであると考えるべきではない。彼の考えは、相互に連結したシステムの全体が、リエントラントな写像によって意識を生産する、というものである。しかしここまで描かれてきたように、脳はリエントラントな写像を含むそれら機能や行動の特徴をすべて持っていても、それでも意識的ではないことが可能なのである。

問題は、われわれが以前に出会ったものと同じである。すなわち、いかにしてわれわれは、これらすべての構造と機能から、われわれがみな持っているような意識感覚や気づきの質的な状態——

哲学者によっては「クオリア」と呼ばれるもの――へと至るのか、という問題である。赤色を見たり温かいと感じたりするときのわれわれの気づきの状態は、黒色を見たり冷たいと感じるときのわれわれの気づきの状態とは、質的に異なっている。エーデルマンも、クオリアの問題をよく自覚している。この問題に対する『想起される現在』における彼の答えは、『脳から心へ』におけるそれとは、いくらか異なっているように見えるが、いずれも私には適切なものには思えない。『想起される過去』で彼は、科学はわれわれに温かいものが温かく感じられる理由を教えることができないのだから、われわれは科学にそうした説明を求めるべきではない、と述べている。しかし私には、そのことはまさに、意識についての神経科学がわれわれに説明すべきことであるように思える。いったい、脳のどのような解剖学的および生理学的な特徴が、われわれに意識を持たせるのか、そして、どの特徴がどの特殊な意識状態を生じさせるのか。赤色の赤さの知覚や、温かいものの温かさはまさに――他の多くのもののなかでもとりわけ――説明を要する意識状態なのである。

『脳から心へ』でエーデルマンは、われわれはクオリア問題を解くことはできない、なぜなら二人の人間が同じクオリアを持つことはないだろうし、科学はその一般性という性格のためにそれらの特異で特殊な差異を説明できないから、と述べている。しかし私は、このことが真の困難だとは思わない。誰もが、他の誰とも違う一揃いの指紋を持っているが、だからといってわれわれが皮膚についての科学的説明を得られないというわけではない。おそらく私の痛みはあなたの痛みと若干異なっており、どのようにそしてなぜそれらが異なるのかについての完璧な因果的説明は決して得られないかもしれない。それでもなお、われわれは、どのように痛みが脳のプロセスによって引き起こされているのかについての厳密な科学的説明を必要としているし、そのような説明はある人の痛みと別の人の痛みとの微小な差異を気にする必要はない。したがって、個々の経験の特異性は、個々の経験の主体を科学的探究の領域の外に位置づけることはないのである。

意識についてのいかなる説明も、気づきの主観的状態を、すなわち意識状態を説明しなければならない。エーデルマンの説明は次のような困難に直面している。すなわち、脳の生理学的特徴が意識を構成している——すなわち、それらの特徴が何らかの仕方で意識状態をつくりあげている——と考えられているのか、それとも、それらが意識を生じさせると考えられているのか、という困難である。しかし明らかに、それらは意識を構成していない。というのも、脳はそれらすべての特徴を持ちながらも完全に無意識的であるかもしれないからである。それゆえ〔脳と意識との〕関係は因果的なものでなければならない。そのような解釈は、必要十分条件についてのエーデルマンの議論によって支持されている。しかし、意識を引き起こすと考えられる物理的構造が脳にあるとして、われわれはどのようにして脳の物理的構造が意識を引き起こすのかを知る必要がある。

脳の物理的構造はどのようにはたらくと考えられるのだろうか。どのようにしてリエントラントなメカニズムが脳にその刺激インプットに対応する無意識的カテゴリーを発達させるのかを、われわれが理解していると仮定しよう。その場合、どのようにして、まさにリエントラントなメカニズムが気づきの状態をも引き起こすのだろうか。これらすべての機構を作動させるのに十分な脳であればどのような脳であれ、必ずや意識的でなければならないだろう、と論じることができる。しかし、因果的仮説に関して同じ問題が残る。すなわち、いかにして脳は意識を生じさせるのか、という問題である。そして本当に、そのようなメカニズムを持つ脳が意識的で、持たない脳は意識的ではない、ということになるのだろうか。それゆえなお謎が残る。「クオリア」と呼ばれる気づきあるいは意識感覚の内的な質的状態を説明するものは何かという問題は、われわれが脇に置くことのできる意識の問題の単なる一側面ではない。この問題こそまさに意識の問題なのである。なぜなら、あらゆる意識状態は質的な状態であり、「クオリア」は単に、あらゆる意識状態が意識であることに対するミスリーディングな名称でしかないからである。

エーデルマンは二冊の優れた本を書き、そのいずれもが豊かなアイデアを持っている。彼は量子力学からコンピュータ科学、さらに統合失調症にまでわたる注目すべき学問的トピックについて論じており、しばしば彼の洞察は見事なものである。彼の理論の印象深い特徴のひとつは、脳のなかのどのニューロン構造がどの機能を担っているのかを特定しようとする詳細な試みである。エーデルマンは多くの問題に関してクリックとは異なるが、彼らはひとつの基本的な信念を共有しており、それが彼らの研究を駆動している。それは、心と意識を理解するには、脳がどのようにはたらくのかを詳細に理解しなければならないだろう、という信念である。

第四章　ロジャー・ペンローズ、クルト・ゲーデル、細胞骨格

1

私が考察している著作はすべて、何らかの仕方で意識と脳の関係を扱っている。クリック、エーデルマン、そしてイズリアル・ローゼンフィールドは、私もそう考えているのだが、脳のプロセス――おそらくニューロン、シナプス、ニューロン群のレベルでの――が意識を生じさせる、と考えている。デネットとチャーマーズは、脳が単に意識を維持することのできる計算装置、あるいは情報処理装置だと考えている。[1] ロジャー・ペンローズの『心の影』[2] もまた、脳と意識についてのものだが、他のどの本よりもはるかに抽象的なレベルで書かれている。三五〇頁以上読み進めるまでは、脳の解剖学的構造についてのいかなる真剣な議論もないし、この本のどこにも意識の特殊な特徴についての議論はほとんど見られない。

なぜペンローズのアプローチはこれほどまで異なっているのだろうか。彼は、脳という分野を調

査するための、より大きな視角を持つ正当な理由があると信じている。彼は、標準的な議論は、二十世紀の最も重要な二つの知的達成の持つ特別な意味を無視していると考えている。すなわち、量子力学とゲーデルの定理である。ゲーデルの定理は、数学的体系のうちでは真であるのにその体系のうちでは証明されえない言明があることを示している。私自身の議論も含め、通常の議論では、コンピュータが心のプロセスを少なくともシミュレートしたり模擬実験したりできると想定しており、また、私がこれまでの章で述べてきたいくつかの種類の神経生物学的プロセスを、意識を説明するための正しい現象であると想定している。ペンローズは、心の研究にとってゲーデルの定理が持つ含意と量子力学が持つ重要性を理解すれば、われわれはこれらの想定をともに退けることになるだろう、と考えている。

他の著者たちは、意識を記述しようとしたり、脳がどのようにはたらいて意識を生じさせているのかを記述しようとしたりする。ペンローズは断固として、いかなる脳の議論にも意識の議論にも飛びつかない。彼はまずゲーデルの定理に注目し、次いで量子力学に注目する。なぜなら彼は、最初にこれらのより深い問題を理解することなしには、意識について、そして意識と脳との、あるいは意識とコンピュータとの関係について議論することはできない、と考えているからである。ペンローズが正しいなら、意識と脳の関係についての現代のほとんどの議論は、救いようがなく誤った仕方で考えられていることになる。ペンローズの目的はこのことを立証することであり、彼の複雑で絡み合った議論を吟味する際には、彼のこの目的を念頭に置いておかなければならない。

『心の影』は、彼の以前の『皇帝の新しい心』(3)の続編であり、多くの同じ論点が述べられているが、さらなる展開と彼の以前の本への異議に対する応答がなされている。『心の影』は同分量の二部に分けられている。第一部で彼は、数学的体系の不完全性についてのゲーデルの有名な証明のヴァリエーションを使って、われわれがコンピュータではないこと、コンピュータでシミュレートすることすらできないことを証明しようとする。〈強いAI〉だけでなく、〈弱いAI〉も誤っているというのだ。第二部で彼は、量子力学について長々と説明しながら、いかにして脳の量子力学理論が意識を説明することができるのかについていくつかの思弁を行ない、その結果、古典物理学ではそれを説明できそうにないと考える。ちなみにこの本は、ゲーデルの不完全性定理と量子力学という二つの偉大な発見について長く明確な説明が読める、私が知っている唯一の本である。

彼の議論の詳細に踏む込む前に、私はそれを、計算によって人間の認知をシミュレートしようとする試みについての現行の議論との関係のなかに位置づけたい。現代ほどコンピュータについてナンセンスなことが語られた時代はなかった。ここにひとつの例がある。最近、〈ディープ・ブルー〉というチェス対戦プログラムが、まさにチェスの世界名人を打ち負かすことができた〔IBMが開発した〈ディープ・ブルー〉は一九九七年五月、世界チャンピオンのカスパロスに六戦中二勝一敗三分けで勝利した〕。われわれは、そのようなプログラムに、どのような心理学的重要性を付与すべきだろうか。報道では、このことがいかに人間の尊厳やら何やらに対する脅威となりうるかについて、大量の議論が行なわれた。しかし、コンピュータが何であるかを知れば、そしてそれらのプログラムが何を行なっているのかを知れば、そのようななんとも大げさな結論にも誘われることはないだろう。コンピュータは、記号を操る装置である。われわれは、その装置にきわめて素早く記号を操ること――一秒間に何百万もの操作――を可能にするような形式の電子回路を発明した。このチェス対戦コンピュータの場合、われわれは、チェスの指し手についてのわれわれの表象を、コンピュータにおける無意味な記号へとコード化することができる。われわれは、コンピュータがそれら無意味な記号を素早く処理できるようプログラムすることができる。その上で、コンピュータに指示書をプリントアウトさせ、その指示書をチェスに関するものとして解読することもできる。しかしそのコンピュータは、チェス、指し手、駒、その他のことについて、何も知らない。それはただ、われわれが与える指令にしたがって、無意味な形式的記号を操るだけである。

報道メディアから、〈ディープ・ブルー〉によって人間の尊厳が脅かされると思うかどうかを尋ねられたとき、私は次のように答えた。すなわち、小型計算機が〔計算能力において〕いかなる数学者をもしのぎうるという事実が、あるいはショベルカーがシャベルを手に持ついかなる人間をもしのぎうるという事実が、人間の尊厳を脅かさないのと同様に、〈ディープ・ブルー〉が人間の尊厳を脅かすことはない、と。なかには人間の認知の形式的特徴を真似ようとするコンピュータ・プログラムもある。しかし、最近のチェス対戦プログラムはそれさえ行なわない。そうしたプログラムは、「力づくの方法」(brute force)〔プログラムに工夫をせず、計算機の処理能力に依存して問題解決を行なう方法〕として知られているものによって進行する。そうしたプログラムは、対戦相手の指し手に反応して、何百万もの可能な指し手――一秒間に二百万の指し手――を計算することができ、その結果、いかなる現実のチェスプレーヤーの思考プロセスともまったく似ていないものとなる。それゆえ、〈ディープ・ブルー〉が、おそらく素晴らしいプログラミングの達成であるにもかかわらず、人間の心理学や超人の心理学の一部ではない二つの理由がある。第一に、他のあらゆるデジタル・コンピュータと同様に、それは無意味な記号の操作によってはたらく。それらの記号が持つ唯一の意味は、われわれが外部の解釈者としてそれら記号に付与するものだけである。第二に、このチェス対戦プログラムは、人間の心理学をシミュレートしようとすらしていない。それらはただ、近代電子工学の非情な計算力を用いて、対戦相手を打ち負かすだけである。(4)

最近になって、『ニューヨーク・タイムズ』誌が、数学的定理を証明する新たなプログラムがいまや本物の推論にとてもよく似たことを行なうことができる、と報告した。しかしもう一度いっておくが、この「本物の推論」は、コンピュータの観点からは、単に無意味な記号の操作の問題である。定理を証明し、ときにプログラマーさえもが予期しなかったような結果を産出するように、コンピュータをプログラムする方法がいくつも見つかっている。これは、プログラマーとエンジニアの側からすれば特筆すべき達成であるが、〔実のところ〕人間の特定の認知能力をシミュレートする問題である。〈中国語の部屋の論法〉についての議論で見たように、シミュレーションを複製と混同してはならない。コンピュータの定義、すなわちアラン・チューリングが半世紀前に与えた定義を知っている者なら誰でも、近代のデジタル・コンピュータが、通常0と1とみなされる形式的記号を操作するための装置であると知っている。これらの記号は、何らかの外部の人間のプログラマーかユーザーがそれらに解釈を付与しないかぎり、無意味なものである。

「しかし」、と一般的な反論は続く、「われわれは、脳もまた0と1を操作するものとして考えるべきではないだろうか。なぜなら、ニューロンはある意味で二進法的なのだから。それらは発火するかしないかである。そして、脳が二進法コードで作動するなら、間違いなく脳もまたデジタル・コンピュータである」。このアナロジーはいくつかの点で誤っているが、最も重要な点は次のことである。すなわち、ニューロンは特殊な生物学的メカニズムによって因果的に振る舞うことで意識や他の心の現象を生じさせるという点が、コンピュータ内の記号との決定的な差異である。しかし0と1は純粋に抽象的である。それらの唯一の因果的な力は、機械が動いているときに次の段階のプログラムを産出するための、実行媒体すなわちハードウェアの力である。ニューロンは実際にコンピュータ・プログラムによってシミュレートすることができる。しかし、暴風雨や大火災のコンピュータ・シミュレーションが雨や火の因果的な力を保証しないのと同様に、ニューロン発火のシミュレーションが意識を生じさせる因果的な力を保証することはない。火災シミュレーター・プログラムが家を全焼させたり、あるいは降雨シミュレーター・プログラムがわれわれをびしょ濡れにさせたりすることがないのと同様に、脳シミュレーター・プログラムがそれ自身で意識を生じさせることはない。

さて、これらすべての点はペンローズに馴染み深いものである。私は、いま言ったばかりのことのどれに対しても、彼が不同意ではないだろうと思っている。しかし彼はさらに進んで、意識的人間がなしうることのなかで、コンピュータがシミュレートさえできないことがあると示そうとする。単なるコンピュータ上での意識のシミュレーションと、意識を生じさせる脳の力を実際に複製することのあいだに違いがあるとするなら、ペンローズは、シミュレートすらされえないいくつかの意識の特徴があると考える。彼は、コンピュータがチェスをすることも数学的定理を証明することもできると認めるが、意識的な行為主体にはできてコンピュータにはできないことがあると考えるのである。

ペンローズは『心の影』を、計算と意識との関係についての四つの可能な立場を区別することから始めている。

A 〈強いAI〉。意識と他の心の現象の本質は、完全に計算のプロセスである。

B 〈弱いAI〉。脳のプロセスは意識を生じさせ、それらのプロセスはコンピュータ上でシミュレートすることができる。しかし、コンピュータ上のシミュレーションはそれ自身では意識を保証しない。

C 脳のプロセスは意識を生じさせるが、それらのプロセスは「コンピュータによって適切にシミュレートすることさえできない」(p. 12. 邦訳1 一五頁)。

D 意識は、計算によるものであれその他のものであれ、いかなる手段によっても科学的に説明されえない。

彼は、まさに私と同じように、Ａ〈強いＡＩ〉を退ける。しかし私とは異なり、彼はＢ〈弱いＡＩ〉も退ける。彼はより強い立場であるＣを擁護しようとする。彼の考えでは〈弱いＡＩ〉ですら誤りである。Ｄは反科学的な立場であり、彼はそれを退け、Ｃから区別しようとする。Ａを誤りだと考え、計算がそれ自身では意識にとって十分ではないなら、なぜ彼はＣを擁護することを重要だと考えるのだろうか。彼がいうには、それは科学が「操作的な視点」を採用するからであり、もしコンピュータを厳密に人間のように振る舞うようプログラムできるなら、コンピュータがまさに人間が持っているような心の状態を持っていると科学的に考えたくなるからである。ペンローズは、そのようなプログラムはありえないことを示そうとする。人間の振舞いにおける意識の外的表出は、コンピュータによってはシミュレートされえないし、実際、脳がその振舞いを因果的に担っているので、脳もまたシミュレートされえないのである。脳と身体は物理的なので、あらゆる物理的なプロセスがコンピュータによってシミュレートされうるわけではない、ということになる。とりわけ意識に関するプロセスはシミュレートされえない。彼の本をとおして、ペンローズは意識について驚くほど少ししか語っていない。彼が関心を持っているのはむしろ、物理的な振舞いにおける意識の「外的表出」であり、われわれが後に見るように、とりわけ数学的推論という活動におけるその表出である。

『心の影』は長大で難解であるが、議論の全体的な構造は以下のとおりである（これは彼ではなく私による要約である）。

1　ゲーデルの定理は、数学的体系のうちにその体系の定理として証明不可能な真の言明がある、ということを証明している。

2　ゲーデルの定理の特殊なヴァージョンである、停止問題の解決不可能性の定理は、われわれの意識的振舞いがコンピュータ上でシミュレートすらされえないということを証明するのに用いることができる。停止問題は、われわれが後に見るように、純粋に抽象的な数学的問題であり、その問題は、コンピュータが止まる（停止する）かどうかを決定する一連の数学的手続きを得る可能性にかかわっている。（たとえば、1、2、3……というシークエンスから開始して8より大きな数を見つけるようコンピュータをプログラムすれば、それは9で止まる。しかし、二つの偶数の和であるような奇数を見つけるよう要求すれば、そのような数は存在しないので、それは決して止まらないだろう。この証明が示しているのは、計算手法からは止まることがないと示すことができないような、止まることのない計算手続きがいくつかあるが、それにもかかわらず、われわれには、それらの計算手続きが止まらないということを理解できるということである。詳細についてはこの章の補論を参照。）

3　ニューロンは計算可能である、すなわち、ニューロンのさまざまな特徴はコンピュータによってシミュレートされうる。したがって、ニューロンは意識を説明することができない。なぜなら、意識には計算不可能な特徴があり、ニューロンは計算可能だからである。

4　意識を説明するためには、「真に計算不可能な」ものが必要である。これはニューロン以下のレベルに、おそらくはニューロン内の微小管のレベルにあるはずである。このことを理解するには物理学における革命が必要となるだろう。

以下で私は、2、3、4についてのペンローズの議論を説明し、それらのいずれも彼の議論によっては立証されないことを示そうと思う。

おそらく次のことを強調するのが重要である。すなわち、ペンローズは、意識によってなされるいかなる数学的プロセスもコンピュータ上でシミュレートされえない、とは言っていないということである。もちろんシミュレートはできる。数学者がすることの多くは、そして実際に、まさに普通の人々がするあらゆる数学的操作についても、コンピュータ上でシミュレートすることができる。ペンローズはただ、人間の思考の領域のなかで、とりわけゲーデルの定理によって例証されているような、コンピュータ上でシミュレートされえないいくつかの領域があると強く主張しているだけである。繰り返しいえば、彼はわれわれのいかなる数学的能力もシミュレート不可能であるとは言っておらず、それらのすべてがシミュレート可能なわけではないと言っているのである。議論は、数学の特定のマニアックな領域にだけかかわっている。彼は（非公式の会話で）、数学は自分が最もよく知っているものだから数学を強調するのだ、と言っている。しかし彼はおそらく、同様の議論を、音楽や藝術や他の意識的人間の活動についても提出できると考えている。これはまさに、一人の数学者として彼が、数学的能力のすべてがコンピュータ上でシミュレートされうるわけではないということを示そうしている、ということである。そして、彼の能力の九九・九パーセントがシミュレートされうるという事実は何の関係もない。ペンローズにとって、もしあなたが〈弱いAI〉に対してたった一つでも反証を得ることができれば、それは完全な論駁になるのである。

2

計算主義に反対するゲーデルの議論の第一のヴァージョンは、オクスフォードの哲学者ジョン・R・ルーカス〔一九二九年―。イギリスの哲学者。専門は数学の哲学〕の六〇年代初期に発表された論文にまで遡る(5)。ルーカスが論じるには、ゲーデルは、数学的体系のなかで定理として証明はできないが、われわれには真だと理解できる、そうした言明があるということを示した。ある体系のある定理とは、その体系の公理から論理的に導かれる言明のことである。ルーカスは以下のような例を与えている。私が何らかの形式的体系のなかで1、2、3などと番号をつけられた言明のリストを持っているとしよう。そして、17番の言明がそれ自身についての言明だとする。それが次のようなものだとしよう。

17　17番の言明はこの体系のなかでは証明不可能である。

17番は真であることがわかる。なぜならそれが偽であると考えることは自己矛盾だからである。それが証明不可能であるということを証明可能であると考えることは、それが証明不可能であると同時に証明可能であると考えることである。それゆえ、17が真であり、そして真であるから証明不可能だとわかる。

常識がわれわれに告げているのは、17番には内容がないように思えるから、ここには何か疑わしいものがある、ということだろう。それが証明可能であると考えられるような内容とは、あるいは証明不可能であると考えられるような内容とは、いかなるものだろうか。しかし、たいていの数学者や論理学者は、そんなふうに考えることはない。彼らは、内容に関するかぎり、17番の言明は申し分ないと考える。標準的な数学的‐論理学的な日本語表現の一つとして、17番の言明にはおかしなところはない。それはただ自分自身について証明不可能だと言っているだけである。それがこの言明の唯一の内容である。ゲーデルの例はこれよりもはるかに複雑であるが、われわれが後に見るように、それらは、われわれには真だと理解できるが証明は不可能な事例を与えるという、同じ原理に依拠している。

ルーカスによれば、そのような例から、われわれの理解力はいかなるコンピュータの理解力をも超える、ということになる。コンピュータはアルゴリズムだけを用いる。アルゴリズムとは、ある問題を解くかある命題を証明するために用いられる行為のシークエンスを特定する精確な規則の集合である。したがって、コンピュータがある定理を証明するとき、それは定理を証明するアルゴリズムを用いなければならない。しかし、われわれには真だと理解できるがその体系内では証明不可能ないくつかの言明がある。したがって、そのような言明はその体系の定理ではなく、それゆえ、定理を証明するアルゴリズムによっては証明不可能である。ルーカスによれば、そうした真理についてのわれわれの知識はアルゴリズム的ではありえないということになる。しかしコンピュータはアルゴリズムだけを用いており（プログラムはアルゴリズムである）、それゆえわれわれはコンピュータではない。

ルーカスの議論には多くの反論があったが、わかりやすいのは次の反論である。すなわち、これらの真理についてのわれわれの知識が定理を証明するアルゴリズムによっては得られないからといって、これらの結論に到達するのにわれわれがいかなるアルゴリズムも用いていないということにはならない、という反論である。すべてのアルゴリズムが定理を証明するアルゴリズムであるわけではない。たとえば、認知科学おいては、視覚をシミュレートするプログラムは、一般に網膜上の刺激の二次元描写から視界の三次元描写を構築するためのアルゴリズムを含んでいるだろう。[6] そのアルゴリズムは、たとえば、網膜上の刺激がいかにしてある対象の視覚像を生みだすのかを特定するだろう。だが網膜上の刺激から三次元描写へと進むアルゴリズムは、いかなる定理も証明しない。同様に、ルーカスが論じた種類の事例には、次のようなアルゴリズムが含まれるかもしれない。すなわち、自分自身についてそれが何らかの体系内では定理としては証明不可能であると語る言明は、その体系内では定理としては証明不可能であり、それゆえ、たとえその真がその体系内の定理を証明するアルゴリズムによっては立証されないとしても真である、とわれわれに理解させることができるようなアルゴリズムである。要するに、われわれは、定理を証明する手続きではないような何らかの計算手続きを用いている可能性があるのだ。

これは、ルーカスの議論に対するきわめて標準的なスタイルの反論だと私は思う。ペンローズはゲーデルの証明の美しいヴァージョンを用いた論法を復活させる。そのヴァージョンとは、アラン・チューリングによって最初につくられ、通常「停止問題の解決不可能性の証明」と呼ばれるものである。前に述べたとおり、停止問題とは、任意の計算に関して、それが止まる（停止する）ことになるか否かを決定する一連の数学的手続きを発見するという、純粋に抽象的な数学的問題である。数学者ではない私ですらこの議論は理解できると思う。ただ、それを理解する努力を払わないなら、その哲学的意義の評価はできそうにないので、それを追ってみようという者のために、この章の補論で要約しておく。

ペンローズは、われわれがコンピュータではないということを証明するために、どれだけ厳密に、停止問題の解決不可能性を用いているのだろうか。これは、思われているほど答えるのが簡単な問題ではない。『心の影』のなか（p. 75ff. 邦訳1 八七頁以下）で、彼は次のように述べている。われわれが一連の計算手続きAについて、それが正常だということを知っているかぎり、われわれは、止まることのないいくつかの計算$C_k(k)$があると知っている(計算$C_k(k)$は、数kで遂行されるk番目の計算と言えるだろう。それゆえ、kが8なら、$C_k(k)$は数8における8番目の計算と言えるだろう)。しかし、停止問題の解決不可能性の証明が示しているのは、一連の計算アルゴリズムAは、計算$C_k(k)$が止まることがないと断言するには不十分である、ということである。それゆえAはわれわれの理解を規格化できない。Aはいかなる一連の計算アルゴリズムでもかまわないので、われわれはアルゴリズムを実行するコンピュータではない、ということになる。彼はこの結論を以下のように要約する。

われわれは次のように推論する――健全〔証明や計算が誤った結果を出さないこと〕だと知りうる計算規則(たとえばA)のなかで、計算が停止しないと断言するのに十分なものは決してない。なぜなら、これらの規則を逃れる、何らかの停止することのない計算(たとえば$C_k(k)$)が存在するからである。さらに、Aについての知識とそれが健全であるという知識から、決して停止しないと理解できる計算$C_k(k)$を実際に構築できるのだから、Aが何であれ、Aは、計算が止まることがないということを断言するために数学者が利用できる手続きの形式化ではありえない、と。(pp. 75-76. 邦訳1八七―八八頁)

したがって、

人間の数学者は、数学的真理を確かめるために、健全だと知ることができるアルゴリズムを用いていない。(p. 76. 邦訳1八八頁)

(おそらく、ペンローズが、数学者は決してアルゴリズムを用いないと主張しているのではないということを繰り返して言っておくべきだろう。もちろん、たいていの場合、彼らはアルゴリズムを用いている。彼の論点は、ときどき数学者はそれ以上のことをしている、ということである。)

インターネット・ジャーナル『プシケー』誌でこの本について行なわれている以下に続く議論[7]のなかで、彼は若干異なるヴァージョンを提出している。このヴァージョンでは、彼は、アルゴリズムが「健全だと知りうる」ことを明示的に求めていない。彼は単純に、われわれ人間の数学的能力は何らかのアルゴリズムのなかで規格化されていると仮定し、次いでその仮設から矛盾を導きだすのである。要するに彼は、背理法の論法を提示するのだ。すなわち、私がコンピュータ・アルゴリズムを実行するコンピュータであると想定すれば、あなたはその想定から矛盾を導きだすことができる、と。『プシケー』誌のヴァージョンは彼の議論の最も圧縮された言明だと思うので、いまからそれを要約してみよう。

人間に利用可能で論破不可能な数学的推論の方法全体が、ある形式的体系Fのなかに包まれるとしよう。Fは、一連の真なる公理と、妥当な推論を提供する推論規則を含むが、それらに制限される必要はない。そのような「トップダウン式の」方法に加え、あなたがつけ加えたいと思うようなどんな「ボトムアップ式の」計算も、Fに含むことができる。トップダウン式の方法には、論理的推論の原理や数学的公理のような高次の現象が含まれるだろう。ボトムアップ式の方法には、われわれの数学的推論を下支えするような低次の脳のプロセスをシミュレートするアルゴリズムが含まれるだろう。Fに直面した理想上の数学者は、「私はFだろうか」と悩む、とペンローズは書いている。その問いはここではまさに、「Fは人間に利用可能な数学的証明の方法のすべてを包むだろうか」ということを意味する。いまや、そのようなFに直面した数学者は、以下のように推論することができるだろう。すなわち、私は、私がFであることを必ずしも知る必要はないが、もしそうであるなら、Fが健全であるということと、私はFであるという主張とFの連言〔連言記号 and によって結ばれてできた複合命題〕もまた健全であることの両方がまさに事実ということになる。その連言をF'と呼ぼう。私がFであるという想定から、計算は止まることがないという趣旨のゲーデルの言明――$G(F')$と呼ぼう――は真であることが導びかれる。私はただそれが真だとわかる。しかしこれはF'の結果ではない。すなわち私は、私がたまたまFであることでゲーデルの言明$G(F')$は真である、とわかるのである。一方、私がそれを理解するやいなや、私はそれが真だとわかる。しかしこの種の知覚はまさにF'が達成できると考えられていたものであり、しかもF'はそのような知覚を達成できない。達成できないのは、問題となっている真理がF'の結果ではないからである。したがって私は結局のところFではありえない。

要するに、私がFであり、Fがあらゆる「ゲーデル化可能な」(Gödelizable)〔ゲーデル化:ゲーデルの不完全性定理を証明するための特殊な手続き〕計算手続きであるという想定は、矛盾へと至るのである。Fの力を超える言明の真理のなかで、Fが私のすべての力を包むという主張と矛盾するような言明の真理を、私は知覚することができる。この論証はFのいかなる候補者にも当てはまる。

ペンローズの議論から何を理解すべきなのだろうか。多くの論理学者、哲学者、コンピュータ科学者が、多かれ少なかれそれぞれの専門的立場から反論してきた。オリジナルの議論に対してなされる一般的な反論はこうだった。すなわち、「健全であると知ることができる」いかなるアルゴリズムもわれわれの数学的能力を説明できないという事実から、われわれが正しいと知らない、あるいはおそらく正しいと知ることとすらできないアルゴリズム、しかしそうした〔数学的〕能力を説明するようなアルゴリズムは存在しえない、という帰結は出てこない。われわれがあるプログラムに無意識的にしたがっていて、そのプログラムはきわめて長く複雑なのでわれわれは一度にすべてのことを把握することはできないとしよう。われわれは各ステップを理解できるが、実に多くのステップが存在するので、プログラムの全体を一度に把握することはできないだろう。すなわち、ペンローズの議論はわれわれが知りかつ理解できることに依存しているのだが、計算認知科学は、人々が認知的問題を解決するために用いていると想定されるプログラムを理解できることを要求していないのである。

この反論は、たとえば、『ニューヨーク・タイムズ・ブック・レヴュー』誌でのペンローズの書評のなかで、ヒラリー・パトナムによってなされている。パトナムは、ペンローズの議論は「数学的誤謬のわかりやすい事例」であると言う。ペンローズは二通の怒りに満ちた手紙で応答している。(8) ペンローズは長いあいだこの反論について自覚しており、彼の本のなかでそれについて詳しく議論している。実際に彼は、彼の議論に対する二〇もの異なる反論に詳細に答えている〔pp. 77–116. 邦訳〕。彼は、知ることのできない無意識的なアルゴリズムはすべて、意識的に知ることのできるアルゴリズムへと還元できることを示そうとする。彼はたとえば、アルゴリズムが有限であるかぎり、各ステップは知ることができ理解可能となり、そして各ステップが知ることができ理解可能であれば、結果的に、すべてのステップを知ることができ理解することができるようになると主張する〔p. 133ff. 邦訳〕。

ペンローズの論点は、ロボットの例を用いて最も適切に説明できる。人間レベルの数学を行なうことができるロボットをつくる人工知能プロジェクトが成功すれば、――ペンローズによれば――人間レベルの数学は必ずや定理を証明する手続きへと還元可能であるだろう。それというのも、ロボットは定理を証明する手続きだけを用いうるからである。しかし、人間レベルの数学が定理を証明する手続きに還元できるという想定は、まさに、彼が記述している矛盾へといたる想定である。定理を証明する手続きだけを用いているロボットにはゲーデル文〔ゲーデルの不完全性定理の証明に使われる、証明も反証もできない命題〕の真理を摑むことはできないが、私はその真理を摑むことができる。したがって、私の能力はロボットの定理を証明する手続きとして規格化されえない。

　こうしてペンローズは、意識の外的表出の少なくともいくつかは、計算の外的表出とは異なる、と結論するのである。

3

　ここまでの議論では、私にはペンローズに分があるように思われる。私は、多くの数理論理学者や哲学者が納得しないままであることはわかっているけれど、彼の議論が、われわれが自分でも理解できない知られざるアルゴリズムを用いている可能性に依拠しているとも、思いつきでそうしているとも思わない。いずれにせよ、『プシケー』誌の論文で、彼はその問題を回避しようとしている。私は自分の議論のなかで、この種の反論が彼にダメージを与えることはないという点で彼が正しい、と想定してみる。彼は何を証明しているのだろうか。彼は、〈弱いＡＩ〉は不可能であると証明しているのだろうか。

　否、彼はそのことを証明していない。ペンローズの議論の誤謬はきわめて単純に述べることができると思う。すなわち、特定のタイプのコンピュータ・シミュレーションをある記述を持つプロセスに対して与えることができないからといって、別のタイプのコンピュータ・シミュレーションを、別の記述を持つまさに同じプロセスに対して与えることができないということにはならない。どのようにしてそうなのかについて、いくつかの例をあげよう。先ほどの彼の議論を思いだそう。「数学的推論の方法」の全体をとりあげよう。それらをFと呼ぼう。いま私は自分がFなのかどうか、悩む。私はFでありFは健全であるという仮定（このような仮定の連言をF'と呼ぶ）から、私は、ゲーデル文$G(F')$が真であると理解できるが、ゲーデル文の真理はF'からは帰結しない。それゆえ、私はFであるという仮定は、矛盾を生みだす。したがって私はFではない。

　ここまではいい。しかし、この議論が示しているのは、数学的証明の健全な方法だけを用いるプログラムは、数学的推論のレベルで、私をシミュレートできない、ということである。しかし、ペンローズが引きだす結論は、ゲーデル文の真理を理解するためのプロセスについてのいかなる記述であろうとも、そのような記述のもとでは、私はシミュレートされえない、ということである。そのような結論は帰結しない。ペンローズの結論が帰結するのは、われわれがシミュレーションを「数学的推論の方法」へと制限するかぎりにおいてである。そしてその議論が示しているのはただ、もしそれが妥当であるなら、私はFではありえないということにすぎない。この場合Fは、トップダウン式のものであろうとボトムアップ式のものであろうと、数学的推論のあらゆる方法を捉えるよう設計されている。ペンローズの議論が示しているのは、Fをシミュレートするプログラムによって私はシミュレートされえないということだが、すべてのコンピュータ・シミュレーションがFの形式をとるわけではない。

〈弱いＡＩ〉の知的なヴァージョンは、実際の認知プロセスをシミュレートしようと努めなくてはならない。さて、認知プロセスをシミュレートする方法のひとつは、脳のプロセスをシミュレートすることである。それらの脳のシミュレーションは、規範的な性格をまったく持っていない。それらには、たとえば、知覚的錯覚を生みだすプロセスのシミュレーションが含まれる。天気や消化のプロセスのシミュレーションについて、それが健全かとか妥当かとかの問いが提起されないように、これらのシミュレーションについても、それが健全かとか妥当かとかの問いは提起されない。そのシミュレーションは、非情で、盲目的な、神経学的プロセスの束を、すなわち、われわれの数学的および他の種類の推論を下支えしているプロセスの束を、シミュレートするのみである。本質的な点を繰り返すなら、ここに健全さや不健全さについての問いはないのである。神経学的プロセスは健全とか不健全と判断されるものの候補にはなりえない。

まず、ある自明なプログラムについて考えてみよう。0と1という標準的な二進法的記号を用いて、0が「ペンローズ（あるいは理想上の数学者）がゲーデル文の真理について考えている」を表わし、1が「ペンローズはその真理を理解する」を表わすことにする。そして、プログラム・ワンは、状態0から状態1へと進むように指示する。これは、ペンローズの数学的推論の完璧なシミュレーションである。彼は同意するだろうが、この例に困らされることはない。彼は（私への手紙のなかで）、それが「彼の認知プロセスのシミュレーション」であることはまず」ないと言う。なぜならそれはあまりに自明であり、何も説明しないからである。私はそれが自明であることには同意するが、それはすでにひとを悩ませるものであるはずである。なぜなら、どのようなデジタル・コンピュータ・プログラムであれ、持っているのは、まさにそのような自明で有限なシークエンスでしかないからである。どのようなものについてのどのようなコンピュータ・プログラムも、その本質は、まさに、二進法的な表記において表現される一連のそうした離散的な状態である。AIの目的のひとつは、複雑な心のプロセスを、まさにこのような自明なステップへと還元することである。

それゆえ、もう少し深く掘り下げてみよう。われわれが、脳のプロセスと思考のプロセスのあいだに強い相関関係があるという、ペンローズも受け入れるであろう合理的な仮定をするなら、二つの脳のプロセスが考えられるだろう。一つは、ペンローズがゲーデル文について考え、それが真であるかどうか悩むことに対応しており、もう一つは、ペンローズがそれを真だと理解することに対応している。それらの脳のプロセスをXとYと呼ぼう。プログラム・ワンとパラレルなプログラムがプログラム・ツーである。それは状態Xから状態Yへ進むよう指示する。「X」と「Y」はここで、ニューロン発火、神経伝達物質、などの観点から完全に記述される脳の状態を指す。それらは思考については何も語っていないが、厳密な相関があることを独立に知る者、そしてペンローズの脳がどのようにはたらいたかを知る者が、XとYの記述から思考のプロセスを読み取ることができた。これを別様に述べれば、脳のプロセスにおける同じ出来事のシークエンスが、その心の内容に言及してもしなくても、記述されうるということである。

確かに、プログラム・ツーはプログラム・ワンとちょうど同じくらいつまらなく自明である。そこで、プログラム・スリーへと進もう。ペンローズが、ゲーデル文の真理を理解するようになる思考のプロセスの集合全体がある。彼がそれを一〇〇回（あるいは一〇〇〇回ないし一〇〇万回でもかまわない）のステップで行なうとしよう。それらのステップに、厳密にパラレルな一連の脳のプロセスB_1、B_2、B_3、B_4……を対応させよう。さらに、次のように指示するプログラムを持っているとしよう。すなわち、B_1からB_2、B_3、B_4へ進み、B_{100}までいたってその後Yへと進むよう指示するプログラムである。ここで、このプログラムのなかのステップと、それに対応する脳のなかのステップが、「数学的推論の方法」「真理判断」「健全さ」、その他の数学的装置については、何も語っていないということに注意しよう。それは単にニューロン発火のひとつの束であり、それに別の束が続いているだけである。それは単に、初めから終わりまで延々と続く、非情で、盲目な、神経生物学的なプロセスである。相関関係について独立して知る者ならだれでも、脳のプロセスから思考のプロセスを読み取ることができるだろうが、数学的推論については何一つ語られていない。

　ペンローズの議論が示しているのは、数学的推論のレベルではコンピュータ・シミュレーションはありえないということである。よろしい、しかしだからといって、脳のプロセスのレベルで、そのまさに同じ出来事のシークエンスのコンピュータ・シミュレーションがありえないということにはならないし、われわれはそのような脳のプロセスのレベルがあるはずだと知っている。なぜならわれわれは、いかなる数学的推論も、脳において実現されなければならないと知っているからである。あらゆる神経生物学者だけでなくペンローズ自身も、心の状態のいかなる変化も脳のプロセスの変化と完璧に一致するということに同意するだろう。そのようなタイプの脳の状態が、同じ数学的思考を持っている二人の数学者にとってつねに同じであると想定する必要はないことに注意しよう。おそらく、異なる脳で実現された脳状態の特定の事例は、同じタイプの思考においてさえ異なる。そのことはここでの議論には関係ない。ここでの議論は、数学者の心のなかで進行している実際のあらゆる数学的推論という出来事にとって、そのような出来事を何かしら脳が実現していなければならないことだけを要求する。それゆえペンローズは、彼がゲーデル文の真理を理解するとき、彼の脳のプロセスの自明でないシミュレーションはないことを示してはいない。

ペンローズは、トップダウン式の推論方法だけでなくボトムアップ式の推論方法をもFに含めるとき、この種の議論をブロックしていると考えている。ボトムアップ式の推論方法は脳のミクロレベルにおけるものであろうけれど、ペンローズは、このレベルにおける真理を保証する数学的推論の何らかの方法を得ることができると考えている。しかしながら、私がプログラム・スリーと呼んできたものには、トップダウン式のものもボトムアップ式のものも、数学的推論の方法はまったくない。プログラム・スリーによって指示される諸要素は、「前頭前野の神経細胞集合体 391X 番における八七個のニューロンのシナプス間隙へと分泌される神経伝達物質セロトニン」といったものになるだろう。それゆえ、「健全さ」や他のいかなる評価についての問いもありえない。Fとプログラム・スリーとの基本的な差異は、Fが規範的であるという点である。それは、数学的真理を保証すると想定された数学的推論の規範的基準を設定する。しかし、非情で盲目な脳のプロセスには規範的なものは何もなく、これと対応して、それらのプロセスをシミュレートするプログラム内にも規範的なものは何もない。

さて、私が提案したようなシミュレーションは真理判断を保証しない、という反論が起こりうるだろうし、ペンローズもそう反論すると思う。それは実際、数学的真理を保証しない。そのような主張は正しいだろうが、反論になっていない。実際の脳のプロセスも真理を保証しない。現実に生きている脳は経験的で物質的な対象であり、それらの振舞いは、暴風雨であれ、地震であれ、数学を理解する者であれ、他のあらゆる物質的現象の振舞いがシミュレートされうるようにシミュレートされうる。あるいは、いずれにせよ、それらの振舞いがシミュレートされえないなら、ペンローズはこの事実をここまで例証してこなかった。

しかし、ロボットに関する彼の議論はどうだろうか。ペンローズはもちろん、コンピュータが、そしてそれゆえにロボットが、何らかの数学的推論を行ないうるということに同意する。しかし彼は、人間にできるようなあらゆる数学的推論ができるようにロボットをプログラムすることはできないことを、自分が示したと考えている。しかし再びその主張は修正されねばならない。彼が正しいなら、彼が示したのは、アルゴリズム的な数学的推論のプログラムだけでプログラムしたのでは、人間レベルの数学的推論ができるようにロボットをプログラムすることはできない、ということである。しかし、ロボットをまったく非規範的な脳シミュレーター・プログラムでプログラムしたとしよう。そのプログラムには「真理判断」や「健全さ」についてのいかなる問いもない。「人間レベルの数学的推論」が、まさに実際の人間の脳の産物として出現するのに、ロボットの脳のシミュレーター・プログラムの産物としては出現しえないということを、彼の議論はまったく示していない。私はその考えはサイエンス・フィクションじみたファンタジーだと思うが、私がいま主張しているポイントは、それが原理的に不可能であることを彼が示していないということである。

ペンローズの主要な主張は、人間レベルの数学をシミュレートできるいかなるロボットも、定理を産出する手続きへと還元可能なプログラムを持っていなければならないだろう、というものだ。しかしその主張が正しいのは、数学的推論をシミュレートするプログラムについてのみである。私が記述してきたプログラム、すなわちプログラム・ワン、プログラム・ツー、プログラム・スリーは、トップダウン式のものであれボトムアップ式のものであれ、いかなる数学的推論もまったくシミュレートしない。それらは、数学的推論の非規範的な脳の相関物をシミュレートする。まさに人間の脳が、数学的アルゴリズムは用いるがそのようなアルゴリズムがその本質ではないように、人間の脳のシミュレーションもまた、数学的アルゴリズムを用いるがそのようなアルゴリズムがその本質ではない。

私はこの点を繰り返し力説したい。なぜならそれはペンローズに対する私の反論を述べる最も単純な方法だからである。この本のなかで、彼は定理を証明するロボットとの空想上の対話を行なっている（pp. 179–190 邦訳１二二一—二二四頁）。そのロボットは定理を証明するアルゴリズムをプログラムされており、その数学的能力を鼻にかけている（「われわれは、人間が確固たる数学的主張においてときたまおかすような種類の愚かな誤りはおかさない」p. 181. 邦訳１二一三—二一四頁）。

しかしペンローズは、ロボットにできないことが人間にはできることを示すことができる。人間はゲーデル文の真理を理解できるが、ロボットはそれを理解できない。私が思うに、ペンローズが人間の能力を超えるようなロボットを想像している事実は、彼が〈弱いＡＩ〉を実際の人間の認知をシミュレートする試みとしては理解していなかったことを示している。私はここで、ペンローズが想像しているのとは異なった種類のロボットを想像したい。それは実際の人間のシミュレーションであるようなロボットである。私のロボットは言う。「私は人間がおかす誤りと厳密に同じ種類の誤りをおかしがちである。なぜなら、私の脳は人間の脳をシミュレートするようプログラムされているからだ。私には定理を証明するアルゴリズムはまったくプログラムされていないけれど、私はそれでも人間と同じように数学を行なうことができる。なぜなら私の数学的能力は、ちょうど人間の数学的能力が彼らの実際の脳の物質的特質から帰結するように、私の脳シミュレーター・アルゴリズムから帰結するからである」。

そのようなロボットの構築を支えている原理についてまじめに述べてみよう。われわれが、人間が行なうことを行なうロボットをつくりたいと思うなら、まずはじめに、人間とは何であるか、人間は現に人間が行なっていることをどのように行なうのか、これらについて述べる必要がある。数学的目的にとって、人間はみずからの脳と同一であり、その脳は、数学的アルゴリズムを用いるけれどそれと同一ではない。それゆえ、われわれのロボットにおいて、われわれは脳のプロセスを厳密にシミュレートするプログラムを持つだろうし、それらプログラムは数学的アルゴリズムを用いるだろう。数学的目的にとって、そのロボットはみずからの脳シミュレーター・プログラムと同一となるだろうし、それらのプログラムは、数学的アルゴリズムを用いるけれどそれと同一ではないだろう。

そのようなロボットは、仮にそれが正確にプログラムされているなら、数学者が行なうことを実際に行なうことができるだろう。それは数学者がおかすような種類の誤りをおかすだろうし、数学者が得るような種類の正しい結果を得るだろう。実際、しばらくすれば、そのロボットは、自分自身が自分自身の用いている数学的アルゴリズムと同一ではないというペンローズ流の証明を提供することができるだろう。証明は次のようになる。

> 一連の数学的アルゴリズムAをとりあげよう。その際、Aについての私の知識、つまりAが健全であるという知識も一緒にとりあげよう。ここから私は、停止することがないと理解できる計算を構築することができる。しかしAはそれ自身ではこれらの計算が停止することがないということを証明するのに不十分である。それゆえ、Aは計算が停止することがないということを明らかにするための私の手続きの形式化ではない、ということになる。等々……。

以上のことを行なうのにロボットは意識的である必要はない、ということに注意しよう。その証明はコンピュータのプリントアウトとして現われるにすぎない。その証明はロボットのコンピュータ脳の無意識的作動から帰結する。それはちょうど、私がこの文章を書いている当のコンピュータが、コンピュータにおいて意識を必要としない複雑なプリントアウトを産出するのと同じなのである。実際、ゲーデルについてのペンローズの議論と意識の問題とのあいだに、どのような本質的な結びつきも見いだすのは困難である。ある無意識的存在が彼の議論のすべてを産出できない理由について、彼はどこでも論じていない。

しかし、エラーの可能性についてはどうだろうか。人間の数学者についてと同様に、私のロボットについても、エラーをおかすかもしれないしおかさないかもしれない、と言うことができる。ロボットが実際にエラーをおかすかどうかは問題ではない。ポイントは、そのプログラムを構成する計算の規則が、数学的真理についての数学的な保証を与えはしない、という点である。すなわちそれら規則は、ペンローズが言う意味において、健全ではないのである。その意味で、エラーの問題はきわめて的外れである。決してエラーをおかさない数学者が実際にいるとすれば、その数学者はそれでも脳を持っているだろうし、そのプロセスは、それに関して健全さについての問いが提起されることがないような、非情で、盲目な、神経生物学的プロセスからなっている。その数学者のコンピュータ・シミュレーションはそれらのプロセスをシミュレートするだろう。そのプロセスは実際に決して誤りをおかさないかもしれないが、それが正しい答えを得ることを可能にする脳シミュレーター・プログラムは、真理を数学的に保証しない。われわれの想像上の数学者の脳のように、プログラムはたまたまうまくにはたらくにすぎない。

ゲーデルの定理は巧妙な形式的手法に頼っている。それに関して間違っているところはない。数学と論理学の多くの結果が巧妙な手法に頼っている。しかし形式的手法は、ペンローズとルーカスが考えているコンピュータ・シミュレーションに成果はもたらさない。これを正しく理解するために、類似した手法を考察しよう。誰かがこう言ったとしよう。「コンピュータは決して人間の行動のすべてを予測することはできない。たとえば、あるコンピュータが、ジョーンズがこの世で初めて「私はエベレストにケチャップをかけて食べた」という文を生み出す、と予測したとしよう。その場合、そのコンピュータ自身が〔そのように予測するなかで〕その文をこの世で初めて生み出したことになるので、その予測は誤りということになるだろう」。この議論は誤りである。なぜなら、ひとには、その文を実際に生み出さずに記述するような予測を行なうことができるからである。すなわち、その予測はその文を別の記述の下で同定するのである。たとえば「アルファベットの九番目の文字の大文字〔予測された英文はIから始まっている〕から開始する文……等々」という記述の下で。ペンローズの議論は、数学的に洗練されているにもかかわらず、同様の誤謬に頼っている。「定理の証明」あるいは「数学的推論」のレベルで、あるいはそのような記述の下で、われわれがあるプロセスをシミュレートできないからといって、何らかの他のレベルで、あるいは別の記述のもとで、われわれがまさに同じプロセスを同じように予測しながらシミュレートすることはできない、という結果にはならない。

この議論を要約しよう。ペンローズは「論駁不可能な数学的推論」を与えると考えられている規範的なアルゴリズムと、単に暴風雨や細胞メカニズムのような自然のプロセスをシミュレートするような種類のアルゴリズムとを、区別するのに失敗している。脳のプロセスが関わっている場面では二番目の種類のアルゴリズムが不可能であるということを、彼の議論はまったく示していない。二番目の種類のアルゴリズムに対する真の反論は、彼が行なっているようなものではない。真の反論は、そのようなコンピュータ・モデルは実は何も説明していない、というものである。なぜなら、そのアルゴリズムは脳の振舞いにおいていかなる因果的な役割も演じないからである。それらはただ、起こっていることのシミュレーション、モデル、表象を提供しているだけである。

4

彼の『心の影』の第二部で、ペンローズは量子力学についてのわれわれの知識の現状を要約し、その教えを意識の問題へと応用しようとする。読んでやさしいところは少ないが、私が見てきた量子力学についての比較的専門的でない説明のなかで、これは最もわかりやすいものだと思われる。重ね合わせの原理、波動関数の崩壊、シュレディンガーの猫のパラドックス、アインシュタイン＝ポドルスキー＝ローゼン現象、これらについて知りたいと思う者にとって、これは最良のものである。

しかしこれらすべてが、意識と何の関係があるのだろうか。ペンローズの思弁は、古典物理学の計算可能な世界は、計算不可能な心の性格を、すなわち、コンピュータ上でシミュレートすることさえできないと彼が考える心の諸特徴を、説明することができないというものである。しかし彼は、計算不可能なヴァージョンの量子力学にはそれができるかもしれない、と考えている。かくして、彼の本の論理構造は以下のようになる。前半でペンローズは、ゲーデルの定理が示しているのは計算不可能な心的プロセスがあるということであり、そして、自分が考えていることはゲーデルの結果について当てはまる、すなわち意識一般について当てはまる、と論じる。意識は計算不可能なものであり、それというのも、人間の意識は計算にはなしえない事柄を達成することができるからである。たとえば、われわれの意識をもってすれば、われわれはゲーデル文の真理を理解できるし、そのような真理は計算不可能なのである。

次いで、後半部分で彼は、いくつかの新しいヴァージョンの量子力学、いくつかの計算不可能な量子力学が、意識の問題に対する解決を提供することができる、と論じる。ペンローズによれば、量子力学には非決定性の要素がある以上、量子力学的コンピュータにはいくつかのランダムな特徴があるが、そのようなランダムな特徴を持ったコンピュータでさえ、人間の心の本質的に計算不可能な側面を説明することはできないだろう。量子力学的コンピュータは、ランダムな要素を含んでいるけれど、少なくとも原理上、何らかのランダム化の特徴を組み込まれている通常のコンピュータによってシミュレートされうる。それゆえ、量子力学的コンピュータでさえ「人間の意識的な理解に求められる操作を遂行することはできないだろう」(p. 356. 邦訳2 一六一頁)。なぜならそのような理解は計算不可能だからである。しかしペンローズは、量子力学の物理学がやがて完全なものとなるときには、そしてわれわれが満足のいく量子重力理論を手にするときには、それは「われわれを真に計算不可能なものへと導くだろう」(p. 356. 邦訳２ 一六二頁) という希望を持っている。

それではこのことは、脳においてどのようにはたらくと考えられるのだろうか。ペンローズによれば、われわれは、意識の問題に対する答えをニューロンのレベルに見いだすことはできない。なぜなら、ニューロンは大きすぎるからである。ニューロンはすでに古典物理学によって説明可能な対象であり、それゆえ計算可能である。ペンローズは、ニューロンは計算可能なので、計算不可能な意識を説明することはできないと考える。われわれはニューロンの内部構造へと目を向けなければならない。われわれはそこに「細胞骨格」と呼ばれる構造を見いだす。細胞骨格とは、細胞を一つにまとめておく枠組みであり、その作動のためのコントロール・システムである。細胞骨格には「微小管」と呼ばれる小さな管状の構造 (図４ａと４ｂ) が含まれており、ペンローズによれば、それらはシナプスが機能するのに決定的な役割を担っている (pp. 364-365. 邦訳２ 一六三―一七〇頁)。彼は次のような仮説を提示する。

私が暫定的に打ちだしている見方にもとづくなら、意識とは、このような量子の絡み合った内部の細胞骨格の状態の表出、そして量子レベルと古典的レベルの活動のあいだの……相互作用における巻き込みの、何らかの表出であろう。(p. 376. 邦訳２ 一八四頁)

言い換えれば、細胞骨格の素材はすべて量子力学的現象と混在しており、このミクロレベルがマクロレベルのニューロンなどと関係するようになると、意識が発生するのである。ニューロンは意識を説明するのにふさわしいレベルではない。ニューロンは、細胞骨格のレベルにある本当の行動の「拡大装置」にすぎない。ニューロン・レベルの記述はより深いレベルの「単なる影」ということになるだろうし、そのより深いレベルに、われわれは心の物理的な基盤を探し求めなければならない（p. 376. 邦訳2 一八四頁）。

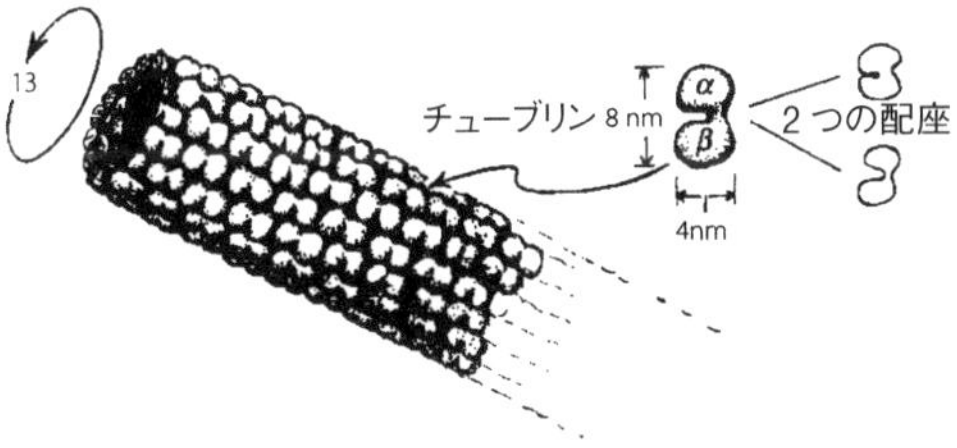

図４ａ　微小管。それは空洞の管であり、通常は13列のチューブリン２量体によって構成されている。各チューブリン分子は（少なくとも）２つの配座を持つことができる。

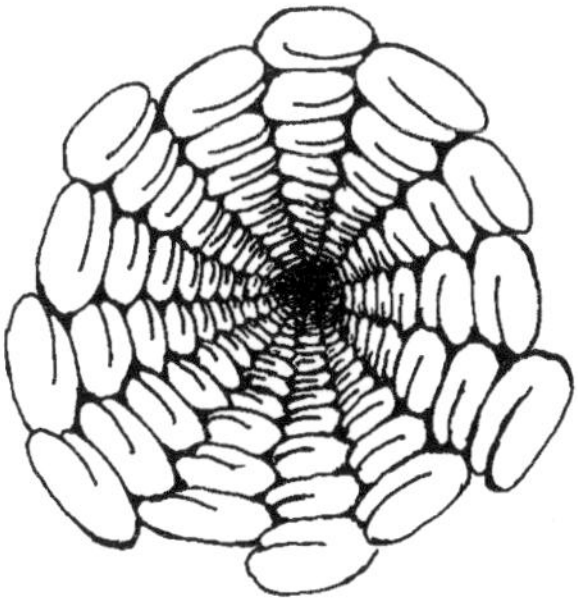

図４ｂ　微小管を覗き込んだ眺め！　この微小管のなかには５＋８列のチューブリンの螺旋配列が見える。

われわれはここから何を理解するべきなのだろうか。私はその思弁的な性格に対して反論はない。なぜなら、現時点では、意識についてのいかなる説明も何らかの思弁的な要素に関わらざるをえないからである。これらの思弁について問題なのは、それらが、どうすれば意識の問題を解くことができると考えられるのかについて、適切に思弁していないという点である。それらの思弁は次のような形式を持つ――もしよりよい量子力学理論があるならば、そしてその理論が計算不可能であるならば、たぶんわれわれは計算不可能な仕方で意識を説明することができるだろう。しかしどのようにしてなのだろう。量子力学がいまよりも謎めいたものになれば意識の謎を解くことができるだろう、というのでは不十分である。どうすればそうした力学は機能しうるのか。どのような因果的メカニズムが想定されるのか。

ペンローズの試みに並んで、意識に量子力学的説明を与えようとするいくつかの試みがある。(9)〔これらの説明に対する〕標準的な不満は、これらの説明が実のところ一つの謎を二つの謎に置き換えようとしている、というものだ。三つめの謎をつけ加えようとする点で、ペンローズは独特である。意識の謎と量子力学の謎に、彼は三つめの謎の要素をつけ加えようとする。それはいまだ発見されていない計算不可能な量子力学である。ペンローズはこの反論に対して、自分にすべての問題を解くよう要求するのは求めすぎだ、と答えている。私は過剰な要求であることには同意するが、不満なのは、彼がすべての問題を解いていないということではなく、むしろ、彼の提案が懸案の問題をどのように解くことができるのかについてまったく明確ではないということだ。どうすれば、彼の仮説的な量子力学が意識のプロセスを生じさせることができると考えられるのか。その因果関係は何でありうるのか。

いずれにせよ、彼の推論の流れ全体の動機は、ある誤謬にもとづいている。議論のために次のように想定してみよう。すなわち、意識がそこでシミュレートされうるようないかなるレベルの記述もないという点でペンローズが正しいとしよう。それでも、だからといって、論理的には、意識についての説明がシミュレートされえない存在者とのかかわりで与えられなければならないことにはならない。意識がコンピュータ上でシミュレートされえないという命題から、意識を生じさせる存在者がコンピュータ上でシミュレートされえないという帰結は出てこない。より一般的にいえば、あるレベルの記述では計算不可能な諸関係が、他のレベルでは計算可能なプロセスの結果でありうる、と想定することに、いかなる問題もないのである。ここで一つの例をあげよう。カルフォルニアにあるすべての登録されている車には、自動車のIDナンバー（VIN）とライセンス・プレートナンバー（LPN）の両方がある。登録されている車は、それらが完全に対応している。すべてのLPNには一つのVINがあり、その逆もまたしかりである。そしてこの対応は未来まで無限に続く。なぜなら、新しい車が生産されるたびにそれぞれ一つのVINを与えられ、それらがカルフォルニアで使用されるようになるとそれぞれに一つのLPNが割り当てられるからである。しかし一方から他方を計算する方法はない。これを数学のジャーゴンでいえばこうなる。われわれが各系列を潜在的に無限だと解釈すれば、VINからLPNへの関数は計算不可能な関数である。しかしだから何だというのか。計算不可能性はそれ自身ではほとんど意味がないし、計算不可能な諸関係を生産するプロセスがそれゆえに計算不可能でなければならないということを含意しない。私の知るかぎり、自動車工場でのVINの割当てはコンピュータで行なってもいいし、他の方法でも問違いなく可能である。ＬＰＮの割当ては理論上は知られている最も古いアルゴリズムのひとつによってなされている。すなわち、先着順によって。

これらの考察の結末は、われわれがペンローズによるゲーデルの議論を論じたときに到達した結論を強化することになる。「意識は計算可能か」という問いは、意識の何らかの特定の特徴や機能に対して相対的にしか意味をなさず、また、何らかの特定の記述のレベルにおいてしか意味をなさない。そして、たとえあなたが計算不可能な何らかの特定の機能――たとえば私がゲーデル文の真理を理解すること――を持っているとしても、その能力を生みだす基礎的なプロセスそのものが、何らかのレベルの記述において、コンピュータによってシミュレート可能ではない、という帰結は従わない。

さらに、ペンローズの議論には、計算可能性についての抜きがたい混乱がある。彼は、ニューロンの計算可能な性格が、各ニューロンをどういうわけかひとつの小さなコンピュータにしてしまうと考えている。彼はそれを「ニューロン・コンピュータ」と呼ぶ。しかしこれもまた別の誤謬である。野球の球の軌道は計算可能であり、コンピュータ上でシミュレートできる。しかしこのことが野球の球を小さなコンピュータにすることはない。

この本におけるペンローズの議論に対する私の反論を要約しよう。

1　彼が、ゲーデルの定理が〈弱いＡＩ〉は誤りであることを含意していると証明したとは、私は思わない。パトナム流の反論に応じるために継ぎはぎしたとしても、その議論はやはり誤りである。

2　たとえ〈弱いAI〉が誤りであることを彼が示したとしても、われわれの計算不可能な認知能力についての説明が、計算不可能な要素に関係づけて与えられなければならないという帰結にはならないだろう。それでもニューロンの振舞いは意識についての説明を与えるだろう。

3　ニューロンのような存在がコンピュータ上でシミュレートされうるからといって、その存在自身がコンピュータ、すなわち「ニューロン・コンピュータ」であるということにはならない。

＊　＊　＊

ペンローズはとても知的だし、『心の影』はとても多くの見事なページを含んでいるので、その非現実的な〈不思議の国のアリス〉のような特徴は忘られがちである。ペンローズが間違いなく自覚しているように、「意識は計算可能か」と抽象的に問うことには意味がない。それは「靴は計算可能か」と問うようなものだろう。その問いは、われわれが語っているところの意識の特徴の特定化に対して相対的にしか意味をなさず、また、われわれが語っているところの抽象化のレベルでしか意味をなさない。そしてひとたびそのような特定化がなされれば、答えは些末なものにならざるをえない。その問いが、「意識的に知ることはできるが定理として証明できないような真理は、定理を証明するアルゴリズムによって証明できるか」というものなら、その答えは明らかに否である。その問いが、「意識的なプロセスとそれに相関する脳のプロセスがそこにおいてシミュレートされうるような、何らかのレベルの記述はあるか」というものなら、その答えは明らかに然りである。一連の厳密なステップとして記述されうるものは何でもシミュレートされうるのである。

ペンローズの議論全体の背後にあるより深遠な形而上学的前提を私は考察してこなかった。彼は科学と数学の資格証明書で武装しているが、古典的な形而上学者でもあり、プラトン主義者を自認している。彼は、われわれが物理的世界、心の世界、数学的世界の三つの世界に生きていると考える。彼は、各々の世界がどのようにしてその隣の世界を無限につづく円環のように基礎づけているのかを示そうとする。物理的世界が心の世界を基礎づけ、心の世界が今度は数学的世界を基礎づけ、数学的世界が物理的世界を基礎づけ、これらが円環をなして続いていく。公平にいって、彼はそれらの基礎づけ関係が何であるか、そしてそれらすべてがどのように機能するのかについて、筋のとおった説明を与えていない、と思う。(10) 筋のとおった説明を与えられるとも思わない。だから私は、少なくとも世界が実際にどのように動いているのかについてのわれわれの知識と矛盾しないような、代替的な形而上学像を示したい。

われわれは厳密に一つの世界のなかに生きている。その世界を記述するためには、「心的」と「物理的」という伝統的なデカルト的カテゴリーを放棄するのがいちばんだと私は思っている。なぜなら、いかなる明白な意味においても心的か物理的かのどちらかにならないような、あらゆる種類の事柄――お金、利子率、民主党候補者に賛成票か反対票を投じる理由、論理法則、サッカーの試合の点数――が、世界には含まれているからである。その世界のなかには、意識的な心の状態を持っているわれわれのような生物学的な獣《ビーツ》がいる。それらの獣のいくつか、たとえばわれわれは、言語を持っており、そのことによって、数える、足す、引く、掛ける、割る、といった操作を行なうことができる。これらの数学的操作は客観的なものだから、われわれは、それらがわれわれを別の世界に、すなわち数の世界にアクセスさせるという錯覚を持つ。しかしそれは錯覚である。語の意味が別の世界の一部ではないように、数は別の世界の一部ではない。それらは、存在する唯一の世界を表象するための、あるいは扱うための、われわれのシステムの一部なのである。

われわれは、二つ、三つ、あるいは二七個の世界ではなく、一つの世界に生きている。まさにいま意識の哲学と科学がなすべき主な課題は、いかにして意識が、消化、光合成、その他のものと同じく、その世界の生物学的一部であるのかを示すことである。ペンローズとその著作に敬服しながら、私は次のように結論する。すなわち、『心の影』の最も重要な価値は、その本からあなたがゲーデルの定理と量子力学について多くのことを学ぶことができる、という点にある。しかし、意識について多くのことを学ぶことはないだろう。

補論　ゲーデルの証明とコンピュータ

ここに述べるのは、ゲーデルの不完全性定理の証明についてのチューリングの解釈についてのペンローズの解釈についての私自身の解釈である。ペンローズは、ゲーデルの不完全性定理の証明を用いて、ルーカスの主張を証明しようとしている。それは通常、「停止問題の解決不可能性の証明」と呼ばれる。

ペンローズが行なっているのは厳密な証明ではなく要約であるが、ここに述べるのはその要約についての私の要約である。彼の説明にはいくつかの問題ある。すなわち彼は、計算の手続きと計算の結果を区別せずに、論証なしにそれらが等価であると想定している。また彼は、量化子「〜なXがある」と「すべてのXについて、Xは〜である」を、無視している。そして彼は、元の証明には含まれていない「知っている」と「知ることができる」という認識論的観念を導入する。以下では、さらなる明確さのために、彼の元の議論にある曖昧さを取り除き、私自身のコメントを括弧のなかに入れてある。

ステップ1。いくつかの計算のプロセスが止まる（あるいは停止する）。われわれの以前の例を思いだそう。われわれがコンピュータに1、2……と始めて、8より大きい数を探すよう教えると、それは9で止まるだろう。しかし、止まらないコンピュータもある。たとえば、われわれがコンピュータに二つの偶数の和であるような奇数を探すよう教えると、それは決して止まることはない。なぜならそのような数字はないからである。

ステップ2。われわれはこの点を一般化できる。任意の自然数nについて、われわれは、nに対する計算の手続きC_1、C_2、C_3……が、止まるものと止まらないものの二種類に分かれると考えることができる。止まる手続きはこうなる。nより大きな数を探すと、$n+1$で止まる、なぜならそのときにこの探索は終わるから。止まらない手続きはこうなる。n個の偶数の和であるような奇数の探索は決して止まることがない、なぜならいかなる手続きも決してそのような数を発見できないから。

ステップ3。では、どの手続きが決して止まることがないかを、われわれはいかにして知ることができるだろうか。また別の手続き（あるいは手続きの有限な集合）Aがあり、そのAは、それが止まるときにわれわれに、手続き$C(n)$は止まらないと教えてくれる、としよう。Aを、計算がいつ止まるのかを決定するための知ることができ健全である方法すべての総和と考えるのである。

したがって、手続きAが止まると、$C(n)$は止まらない。

（ペンローズがわれわれに求めているのはただ、前提として、そのような手続きがあり、われわれがそれらを知っている、と想定することだけである。認識論が入ってくるのはここである。われわれは、それらの手続きを知ることができるものとして、そして「健全な」ものとして、考えねばならない。健全性を計算に適用するのは、健全性の使用としては標準的でない。彼が言っているのは、そのような手続きはつねに真あるいは正しい結果を与える〔p. 73. 邦訳1 八五頁〕ということである。）

ステップ4。さて、$C_1(n)$、$C_2(n)$、$C_3(n)$……と番号づけされた一連のコンピュータ手続きについて考えよう。これらは、nに対して行使されうるすべての計算、すべての可能な計算である。これらには、n倍すること、n乗すること、みずからにnを足すこと、などが含まれるだろう。そして、われわれはこれらを、何らかの体系的な仕方で番号づけられたものと考えなければならない。

ステップ5。しかし、われわれはいまnに対するすべての可能な計算を番号づけたので、Aを次のようなコンピュータ手続きとして考えることができる。すなわち、二つの数qとnが与えられれば$C_q(n)$が決して止まることがないかどうかを決定しようとする手続きとして。たとえば、$q = 17$で$n = 8$としよう。すると、Aに与えられた仕事は、8に対する17番目の計算が止まるかどうかを明らかにすることである。かくして、$A(q, n)$が止まるなら、$C_q(n)$は止まらない（Aはqとnという順番になった数のペアに対して作動するが、C_1、C_2……は単独の数に対する計算である、ということに注意しよう。われわれは次のステップでこの差異を回避する）。

ステップ6。さて、$q = n$であるような場合を考えよう。そのような場合には、すべてのnについて、

$A(n, n)$が止まるなら、$C_n(n)$は止まらない。

ステップ7。そのような場合には、Aが迷う唯一の数はnである。すなわち、二つの異なる数ではなく、数nに対するn番目の計算に迷う。しかし、われわれはステップ4で、$C_1(n)$、$C_2(n)$……にはnに対するすべての可能な計算が含まれていると言ったので、任意のnについて、$A(n, n)$は$C_n(n)$の成員でなければならない。では、$A(n, n)$がnに対するk番目の計算であるとしよう。すなわち、

$$A(n, n) = C_k(n)$$

としよう。

ステップ8。さて、$n = k$である場合を考察しよう。そのような場合には、

$$A(k, k) = C_k(k)。$$

ステップ9。ステップ6から次のようになる。

$A(k,k)$が止まるなら、$C_k(k)$は止まらない。

ステップ10。しかし、ステップで述べられた同一性を代入すると、

$C_k(k)$が止まるなら、$C_k(k)$は止まらない。

しかし、ある命題がそれ自身の否定を含意しているなら、それは偽である。したがって、

$C_k(k)$は止まらない。

ステップ11。それゆえただちに、$A(k,k)$も止まらないことが導かれる。なぜならそれは$C_k(k)$と同じ計算だからである。そしてそのことは、われわれが知っている健全な手続きはわれわれに$C_k(k)$は止まらないということを教えるには不十分である、という結果を持つ。たとえ実際にそれは止まらず、またそれが止まらないとわれわれが知っているとしても。

しかし、そうすると、Aはわれわれに、われわれが知っていること、とりわけ、

$C_k(k)$は止まらない

ということを教えてくれない。

ステップ12。かくして、Aは健全であるという知識から、われわれは次のことを示すことができる。すなわち、$C_k(k)$のような止まることがない計算手続きのなかで、止まらないことがAによっては証明されえないものがある。したがって、われわれはAがわれわれに教えてくれないものを知っているし、それゆえまた、Aはわれわれの理解を表現するのには十分ではないのである。

ステップ13。しかし、Aには、われわれが持つすべての健全だと知りうる（knowably sound）アルゴリズムが含まれていた。

（ペンローズは単に「健全だと知っている」と言っているのではなく、「健全だと知りうる」と言っている。ここまでの議論はその移行を正当化していないが、私が思うには、その議論が、われわれが実際に知っていることだけでなく、われわれが知ることができるであろうことにも該当する、と彼は主張するだろう。それゆえ私はそれを、彼が言っているとおりにしておいた。）

かくして、計算が止まらないということを決定するのに十分でありうる、Aのような健全だと知りうる一連の計算の手続きは、決して存在しない。なぜなら、$C_k(k)$のような、それらの手続きでは捕捉することができないものがあるからだ。それゆえわれわれは、われわれが知っているものを理解するために、健全だと知ることができるアルゴリズムを使ってはいないのである。

ステップ14。それゆえ、われわれはコンピュータではない。

第五章　否定される意識──ダニエル・デネットによる説明

ダニエル・デネット〔一九四二─〕は、心の哲学について数々の本を書いている哲学者であるが、『解明される意識』[1]をこの分野における彼自身の到達点であると見なしていることは明らかなように思われる。その仕事は、行動主義──行動や行動への性向が何らかの仕方で心的状態を構成するという考え方──と検証主義──存在するものはただその存在が科学的手段によって検証可能なものだけであるという考え方──の伝統のうちにある。一見したところ、デネットは、クリック、ペンローズ、そしてエーデルマンのアプローチに類似した意識にたいする科学的なアプローチを擁護しているように見えるけれども、以下で見るように、デネットと彼らの間にはいくつかのとても重要な違いがある。

『解明される意識』にとりかかる前に、意識に関する理論においてまさに何が問題になっているのかを思い出すために、読者のみなさんにちょっとした実験をお願いしたい。あなたの右手で自分の左前腕の皮膚をつねってみてほしい。あなたがそうしたとき、何が起こっただろうか。何種類かのことが起こっただろう。第一に、神経生物学者が教えてくれるように、あなたの親指と人差し指による圧力は、あなたの皮膚の感覚受容器に始まり、脊椎へと入り、リッサウアー路と呼ばれる領域を通って脊椎をのぼっていき、それから視床や脳のほかの基底部へ到達する一連のニューロンの発火を生じただろう。それからその信号は、体性感覚皮質へと至り、おそらくほかの皮質領にも同様に到達するだろう。あなたが自分の皮膚をつねった数百ミリ秒後に、第二の種類のこと、専門家の手助けがなくてもあなたが知っていることが起こっただろう。すなわち、あなたは痛みを感じただろう。深刻なものなど何もなく、前腕の皮膚をつねられたというちょっとした不快な感覚があるだけである。この不快な感覚は、その感覚に特有の主観的な感じ、すなわち、まわりの人にはアクセスできない仕方で、あなたにはアクセス可能な感じをもたらす。このアクセス可能性は、認識論的帰結――ほかの人では知ることができない仕方で自分の痛みについて知ることができる――をもたらすが、その主観性は認識論的というよりも存在論的である。すなわち、感覚の存在様態は、一人称的あるいは主観的な存在の様態であるのに対し、神経経路の存在様態は、三人称的あるいは客観的な存在様態である。その〔神経〕経路は、痛みが存在しないという点において、経験からは独立に存在する。痛いという感じは、私が以前に述べた「クオリア」の一つである。

さらに、あなたが自分の皮膚をつねったとき、第三の種類のことが起こっただろう。あなたはそれ以前には持っていなかった行動性向を獲得したのである。誰かに「何か感じましたか」と尋ねられたなら、あなたは「ええ、ちょうどここをちょっとつねられた感じがしました」とでも言うだろう。疑いなくほかのことも起こっただろう——たとえば、あなたは自分の右手と月の間の重力の関係を変更しただろう。だが、ここでは最初の三つのものに集中することにしよう。

痛みの感覚に関して何が本質的かと尋ねられたならば、あなたは、第二の特性である〔痛みの〕感じが、痛みそのものであると言うだろう。入力信号が痛みを引き起こし、その痛みが今度は、ある行動性向をもたらすのである。しかし、痛みに関して本質的なのは、それが特定の内的で質的な感じであるということである。哲学においても自然科学においても意識の問題とは、これらの主観的な感じを説明することである。そのような感じがすべて、痛みのような身体感覚というわけではない。意識を備えた思考の流れはつねられた感じのような身体感覚ではないし、視覚経験もそうではないが、両者とも、私が語ってきた存在論的主観性という質を持っている。主観的な感じは、意識の理論が説明しなければならないデータであり、私が素描した神経経路の説明はそのデータを説明するための部分的理論である。行動性向は意識をともなう経験の一部ではないが、意識をともなう経験によってもたらされる。

ダニエル・デネットの本の特異性を今や次のように述べることができる。つまり、デネットはデータの存在を否定しているのだ。彼は、二番目の種類の存在者、つまり痛いという感じなどないと考えている。彼は、クオリア、主観的経験、一人称的現象のようなもの、あるいはその種のいかなるものもないと考えている。彼は、クオリアのようなものがあると思われるということには同意する。しかしこれは、われわれが、本当に起こっていることにたいして誤った判断をしているという問題である。では、デネットに従えば本当に起こっているのは何なのか。

本当に起こっているのは、デネットによると、私が提案した実験におけるあなたの皮膚への圧力のような刺激入力や、デネットが「反応性向」と呼ぶ行動への性向をわれわれが持っているということである。そして、それらの間に「識別状態」がある。そのような状態によってわれわれには、皮膚に加えられるさまざまな圧力にたいしていろいろな反応をしたり、赤と緑などを識別したりするようになるが、われわれが圧力を識別するために持っている種類の状態は、圧力を検出するための機械の状態にまさに似ている。そのような状態は、特別な感じなど何も経験しない。実際のところ、内的感じなどまったく持たない。なぜならば、「内的感じ」なるものはないからである。それは三人称的現象、すなわち、刺激入力、識別状態（p. 372ff. 邦訳 四四二頁以降）、そして反応性向の問題なのである。これらすべてをつじつまが合うようにしているのは、われわれの脳があるタイプのコンピュータであり、意識はわれわれの脳内のある種のソフトウェアであり、「仮想機械」であるという特性である。

デネットの本の主たる論点は、内的な心的状態の存在を否定し、意識、いやむしろデネットが「意識」と呼ぶものについて、代わりの説明を提供することである。そのことがもたらす正味の効果は、いわばデンマーク王子がいない『ハムレット』の上演である。デネットは、しかし、私が記述したように、意識状態が存在するとは考えていないということや、コンピュータ・プログラムを実装している脳以外には何もないということを一頁目から主張してはいない。むしろ彼は、最初の二百頁を主観的な意識状態の存在を前提しているように思われる問いについて論じ、意識を検討するための方法論を提案することに費やしている。たとえば、デネットはいわゆるファイ現象のようなさまざまな知覚的錯覚を論じている。この錯覚では、あなたの眼前の二つの小さな点をすばやく連続的に短く光らせると、あなたには、単一の点が前後に動いているように見える。われわれは普通、単一の点が前後に移動するように見えるという内的な主観的経験をひきあいに出して、そのような例を理解する。しかし、この方法は、デネットの念頭にはない。彼はあらゆる内的なクオリアの存在を否定したいのだが、このことはデネットの本のずっと後になるまで出てこない。要するに、デネットは、〔その本を〕書くのに、次のような誠実さを持ち合わせていないのである。すなわち、彼は自分のテーゼにすっかり自信があり、できるだけ早く自分のテーゼを明らかにしたい者が持っているはずの誠実さで書いていない。それどころか、最初の方の章にはごまかしているところがある。というのも、デネットは自分が本当に考えていることを隠しているからである。二〇〇頁を過ぎてやっと読者は「意識」の説明を受け、三五〇頁をだいぶ越えてはじめて実際に何が進行しているのかがわかるのである。

デネットの本の第一部の主題は、「デカルト劇場」モデルにたいして、彼が意識についての「多元的草稿」モデルと呼ぶものを擁護することである。「デカルト劇場」モデルとは、彼によれば、脳のなかにすべてが一堂に会する単一の場所、いわばデカルト劇場なるものがあり、そこで自分の意識が上演している劇を目撃するに違いないとわれわれは暗黙のうちに考えがちなのだ。それに対してデネットは、情報状態の系列全体が脳内で進行しているという見方、いわば多元的草稿のようなものが進行している状態という見方を推し進めようとする。表面上は、このモデルは神経生物学にとって興味深い論点のように思われるかもしれない。つまり、脳のどこにわれわれの主観的経験は局在化されるのか。単一の場所があるのか、それとも多くの場所があるのか。話の途中だが、単一の場所という答えは神経生物学的には信じがたいように思われる。なぜならば、意識にとって本質的であると思われる脳内のいかなる器官にも、たとえばクリックの仮説では視床が本質的であるように、脳のもう一方の側に対をなすものがあるからである。左右いずれの脳葉にもそれ独自の視床がある。しかし、そのことはデネットが進めようとしていることではない。彼はデカルト劇場を攻撃しているが、それは彼が、主観的状態は脳のいたるところで生起すると考えているからではなく、むしろ主観的状態といったものはまったく存在しないと考えているからである。そしてデネットは、最初にわれわれの意識をともなう経験のための統一された場所があるという考え方を取り除くことによって、彼自身の（控えめに言っても）反直観的な見方にたいする反論を和らげたいのである。

もしデネットが、われわれが普通考えるような意識状態の存在を否定するならば、それに代わるどんな説明があるのか。当然ながらそれは、あるヴァージョンの〈強いＡＩ〉である。それを説明するために、最初に手短に、デネットが使っている四つの観念――フォン・ノイマン機械、コネクショニズム、仮想機械、ミーム――を説明しなければならない。あなたが今日お店で買うかもしれないデジタル・コンピュータは、非常に素早く、毎秒何百万回も遂行される一連のステップによって作動する。これは直列型コンピュータと呼ばれている。また、その初期設計が、ハンガリー系アメリカ人の科学者・数学者ジョン・フォン・ノイマン〔一九〇三―一九五七〕によるものであったために、時にはフォン・ノイマン機械と呼ばれることもある。最近では、並列に作動する機械、すなわち、いくつかの計算チャネルが同時に働き互いに相互作用することで動作する機械を作ろうとする努力がなされてきた。物理的構造において、これら並列型コンピュータはより人間の脳に似ている。本当のところはそれほど脳に似ているわけではないが、確かに伝統的なフォン・ノイマン機械よりは脳に似ている。このタイプの計算は、〈並列分散処理〉、〈ニューロナル・ネット・モデリング〉、あるいは単に〈コネクショニズム〉といったようにさまざまに呼ばれる。厳密にいえば、コネクショニストによる構造――あるいは普通呼ばれるように「アーキテクチャ」――上で遂行されうるいかなる計算もまた、直列型アーキテクチャ上で遂行されうるが、コネクショニストによるネットワークにはいくつかほかの興味深い属性がある。たとえば、そのようなネットワークはより速く、結合の強さを変更することによって「学習」する――すなわち、その振舞いを変化させることができる。

典型的なコネクショニストによるネットワークがどのように働くかをここに示しておこう（図5）。入力層に、入力を受け取るノードの系列がある。これらの入力は、1、-1、1／2などの数値で表わすことができる。これらの値は、隣の層の次のノードへの結合すべてを通して伝達される。

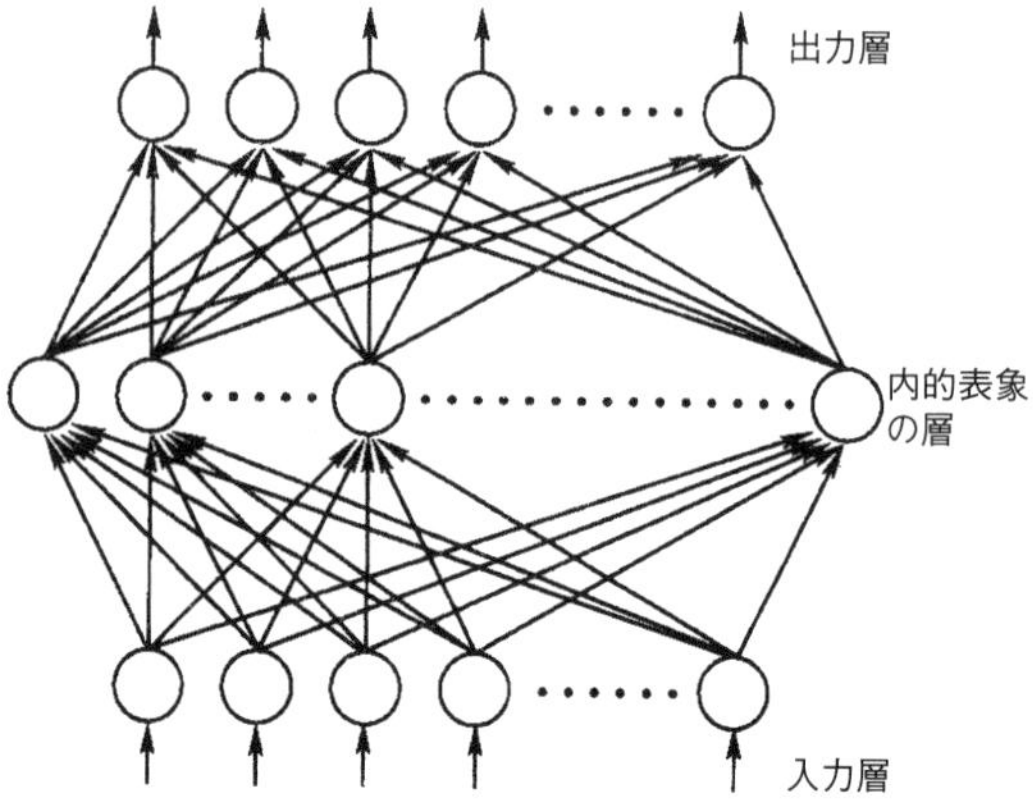

図5　単純な多層ネットワーク。それぞれのユニットがその上の層のすべてのユニットと結合している。横向きの結合や逆向きの結合はない。「内的表象の層」はしばしば「隠れ層」と言われる。

それぞれの結合がある強さを持ち、これらの結合の強さもまた、1、-1、1／2などの数値で表わせる。入力信号は、その結合から次のノードによって受け取られる値を得るために、結合の強さと掛け算される。したがって、たとえば、1という入力は、1／2という結合の強さと掛け算されることで、その結合から隣の層をなしている次のノードへと1／2の値を与えることになる。これらの信号を受け取るノードは、受け取ったすべての数値の足し算を行ない、隣の層をなしている次のノードの集合にたいしてそれらの値を送り出す。このように、入力層、出力層、そして「隠れ層」と呼ばれる一つ以上の内部の層がある。一連のプロセスは、出力層に到達するまで続く。認知科学において数字は、モデル化されている何らかの認知プロセスの特性、たとえば、顔認識における顔の特性あるいは英語の発音モデルにおける語の音声を表象するために使用される。ネットワークが「学習する」ということは、あなたが望んでいる対応《マッチング》が得られるまで結合の強さをいじることによって、入力値と出力値の間に正しい対応を得ることができる、ということである。このことは、通常、「教師」と呼ばれる別のコンピュータによってなされる。

これらのシステムは、時として、「ニューロンによって触発」されていると言われる。その考え方は、〔それらの〕結合を、軸索や樹状突起のようなものとみなし、〔それらの〕ノードを、入力値の足し算を行ない、それから次の「ニューロン」――次の結合と隣の層をなしているノード――に送る信号の値を決定する細胞体のようなものとみなすべきである、というものである。

デネットが用いる別の観念は、「仮想機械」である。私が今仕事をしている現実の機械は、現実の電線やトランジスタなどからできている。加えて、私が持っているような、別タイプの機械の構造をシミュレートさせることができる。この〔シミュレートされている〕別タイプの機械は、現実にはこの機械の配線の一部にあるわけではないが、私の機械の配線が担うことのできる規則性のパターン上に全体として存在している。これが仮想機械と呼ばれるものである。

デネットが用いる最後の観念は、「ミーム」である。この観念は、あまり明瞭ではない。それは、リチャード・ドーキンス〔イギリスの動物行動学者、進化生物学者。一九四一―〕によって、遺伝子《ジーン》という生物学的観念に似た文化的な観念として生み出されたものである。その考え方は、生物学的進化が遺伝子を経由して生じるのとちょうど同じように、文化的進化はミームの広まりを通じて生じるというものである。デネットによって引用されたドーキンスの定義によれば、ミームとは、文化の伝播の単位、つまり模倣の単位である。……ミームの例を挙げれば、メロディーとか、考え方とか、キャッチフレーズとか、服装とか、流行とか、ポットの作り方とか、アーチの架け方などがある。ちょうど遺伝子が、精子や卵子を通じて身体から身体へと渡り歩いては、遺伝子プールのなかで自己を増殖させていくのと同じように、ミームもまた、広い意味では、模倣と呼ばれうるプロセスを通じて脳から脳へと渡り歩いては、ミーム・プールのなかで自己を増殖させていく。(p. 202. 邦訳 二四〇頁)

私は、「遺伝子」と「ミーム」のアナロジーは間違っていると思う。生物学的進化は、荒々しい盲目な自然の力によって進む。「模倣」による考え方や理論の広まりは、典型的にはゴールへと向かう意識を伴うプロセスである。その二つの種類のプロセスを一つにしてしまうことは、ダーウィンによる種の起源の説明の要点を取り逃すことになる。ダーウィンが成し遂げた偉業は、人間や動物種の起源や発達において、目的、計画、目的論、志向性と見えるものが、全面的に錯覚であると示したことである。そのように見えるものが、目的といったものをまったく含まない進化プロセスで説明可能なのである。しかし、模倣を通じて考え方が広まるには、人間の意識や志向性という装置全体が必要である。考え方は、理解され、解釈されなければならない。そしてそれらの考え方が、模倣されたり拒絶されたりする候補として扱われるためには、理解され、望ましいものとしてあるいは望ましくないものとして判断されなければならない。模倣は典型的には、模倣する側が意識的に努力をすることを要請する。そのプロセス全体が、通常、とても変わりやすく繊細な言語に関わっている。要するに、模倣を通じた考え方の伝播は、生殖を通じた遺伝子の伝播とまるで似ていない。そういうわけで、遺伝子とミームの間のアナロジーは、最初からミスリーディングである。

これら四つの観念に基づいて、デネットは意識について次のような説明をしている。

> 人間の意識は、それ自体がミーム（より正確にいえば、脳のなかのミームの効果）の巨大な集合体〔サールの引用では collection となっているが、ドーキンスの原文では complex〕であって、これは、もともとそういう活動のために設計されたわけではない脳の並列型アーキテクチャに実装された「フォン・ノイマン型」の仮想機械の働きと見なしたときに、最もよく理解することができる。(p. 210. 邦訳 二五〇頁)

換言すれば、意識を備えているということはまさに、自然において進化した並列型機械に、ある種のコンピュータ・プログラムあるいは複数のプログラムが実装されているということである。

本質的なのは、デネットがひとたび意識状態の存在を否定してしまえば、〈強いＡＩ〉に至るためにいかなる追加の議論も必要としないということを理解することである。手品のタネはすべて仕込まれているのである。〈強いＡＩ〉は、デネットにとって、あらゆる質的で、主観的で、内的な心的内容を欠いているが、複雑な仕方で振る舞う機械を説明するための唯一筋の通った方法であるように思われるのである。デネットの見方が極端な反唯心論であるということを、彼の批判者のなかには見落としている者がいる。そしてそのような批判者たちは、次のように指摘している。デネットの理論に従えば、彼は人間と、まるで人間であるかのように振る舞う意識を備えていないゾンビとを区別することができないことになる、と。デネットは反撃してこう言う。そのようなゾンビなどありえず、われわれのように振る舞ういかなる機械も、それが何からできていようと、われわれとちょうど同じように意識を持たなければならないだろう、と。このことはデネットが、十分に複雑なゾンビはゾンビではなく、われわれと同じような内的な意識状態を持つだろうと主張しているかのように見える。しかし、それは断じてデネットが主張していることではない。デネットの主張は、実際のところわれわれはゾンビであり、われわれと、私が説明している意味での意識状態を欠いている機械とにまったく違いはないというものである。その主張は、ちょうどガラテアがピュグマリオンによって生命を与えられたように、十分複雑なゾンビが突如意識を備えた生命になるだろうというものではない。むしろデネットは、われわれにとって、動物にとって、ゾンビにとって、あるいはそのほかの何にとっても、意識を備えた生命のようなものなどはなく、ただ複雑なゾンビ性のみがあると論じているのである。ゾンビに関する議論のひとつで、デネットは、人間の痛みや苦しみと、ゾンビの痛みや苦しみの間に何か違いがあるかを考察している。この考察は、痛みに関する一節においてなされているが、そこでのデネットの考え方は、痛みとは感覚の名前ではなく、むしろ人の計画の邪魔をし希望を打ち砕く事態であるというものであり、ゾンビの「苦しみ」もわれわれ意識を備えているものの苦しみとまったく違いはないというものである。

「ゾンビの」砕かれた希望の方が意識を備えた人物の砕かれた希望より重要ではないなどということが、いったいどうしてあるだろうか。暴いて放棄すべき鏡のトリックがここにある。意識は、あなたがおっしゃる通り、重要ではあるが、その時あなたは、それがどうして重要であるのかについて手掛かりを体系的にまったく与えないような、意識についての教説にしがみついている。私的で内在的に価値があるだけでなく、確証することも調査することもできないような、そんな特殊な内的質を仮定するのは、ただの反啓蒙主義でしかない。(p. 450. 邦訳 五三五頁)

ここにおけるさまざまな文彩は、デネットのこの本に典型的なものであるが、議論を現実に引き戻すために、次のように自問してみたらいい。あなたは自分をつねるという実験をした時、「確証することも調査することもできない」「特殊な内的質を仮定」しただろうか。「反啓蒙主義者」のふりをしていただろうか。そして、最も重要なのは、痛みを持つあなたと、あなたのように振る舞うが何の痛みもそれ以外の意識状態も持たない意識を備えていないゾンビとにまったく違いはないのか、ということである。

実際には、デネットの〔引用した〕一節のはじめにある問いは、私が尋ねたばかりの諸々の問いと同じくらい修辞的であることが意図されているのだが、その問いには、実のところ、ずいぶん容易で正しい答えがある。ただし、その答えはデネットが意図したものではない。ゾンビの「砕かれた希望」が意識を備えた人間の砕かれた希望ほど問題にならない理由は、ゾンビが、定義上、何ら感じというものを持たないからである。結果として、ゾンビの内的感じに関しては文字通り何も問題にならない。なぜならば、ゾンビはそのようなものをまったく持っていないからである。ゾンビはたんに、諸々の感じを持っている人々の、そして〔内的感じに関する〕ものごとが文字通り問題になる人々の行動に似た、外的な振舞いをしているだけなのである。

デネットはあるヴァージョンの〈強いＡＩ〉を擁護しているので、彼が先に要約した〈中国語の部屋の論法〉を取り上げるのは驚くにあたらない。〈中国語の部屋の論法〉とは、ある部屋のなかで、中国語を知らないにもかかわらず、中国語話者のシミュレーションを行なうプログラムの諸々のステップを実行している人間に関する仮説のことである。今回デネットはこの議論にたいして、その部屋のなかにいる人間は、本当のところ、それらのステップを実際に納得して行ないえないだろうと反論している。この反論にたいする回答は、もちろんわれわれは、現実の生活においてこんなことをすることはできないだろうというものである。思考実験をする理由は、われわれが検証したい多くの考え方に関して、現実に実験をすることが不可能だからである。時計のパラドックスについてのアインシュタイン〔一八七九―一九五五〕の有名な議論のなかで、彼は、われわれが光の九〇パーセントの速度で航行する宇宙船で最も近い星に行くと想像するように求めている。実際問題としてそのような宇宙船を建造できないだろうと言うことは——それが全く真であるとしても——実際に論点を完全に取り逃している。

同様に、母語が中国語である話者をだませるほど複雑でありながら、英語話者が瞬時に実行できるほど単純なプログラムを実際問題として設計できはしないだろうと言うことは、〈中国語の部屋〉の思考実験の要点を取り逃している。実際、どんな自然言語であれ、その言語を使いこなせる話者をだますことができる商業用コンピュータ向けのプログラムを設計することさえできない。だがこれは的外れである。〈中国語の部屋の論法〉の要点は、私が明確にしたいと考えているように、そのプログラムの統語論では、中国語話者の心の中にある意味論的内容（あるいは心的内容や意味）にとって十分ではないという点を思い出させることにある。ところで、なぜデネットは私が述べているような現実の議論と向き合わないのか。なぜその要点に対処しないのか。なぜデネットは自分が〈中国語の部屋の論法〉の三つの前提のうちのどれを拒否するのかを言わないのか。それら三つの前提はそれほど複雑ではなく、次のような形式をとる。（1）プログラムは統語論的である、（2）心は意味論的内容を持つ、（3）統語論それ自体は、意味論的内容とは同じではないし、意味論的内容にとって十分でもない。私が考えるには、その答えは明瞭である。デネットが現実の形式的議論に対処しないのは、そうすることで、自分が本当のところ反対しているのは前提（2）、つまり、心が心的内容を持つという主張であると認めなければならなくなるからである。[2] もしデネットの想定が成り立てば、心が実際には内在的な心的内容を持つことを否定せざるを得ない。〈強い

AI〉を擁護するほとんどの人は、われわれが持つのと同じようにコンピュータも心的内容を持ちうると考えているし、デネットを協力者であると誤解している。しかし、デネットは、コンピュータが心的内容を持つと考えてはいない。なぜなら、彼はそのようなものがあるとは考えていないからである。デネットにとって、われわれとコンピュータは両方とも、心に関するかぎり同じ状況にある。それは、コンピュータが、普通の人間であればみな持っているような内在的な心的内容を獲得することができるからではなく、そもそも内在的な心的内容のようなものが決して存在しないからである。

この点で、われわれはデネットの意識にたいするアプローチと私が擁護するアプローチとの違いのいくつかを明瞭にすることができる。もし私が正しく理解しているならば、クリック、ペンローズ、エーデルマン、ローゼンフィールドといった本書で検討しているほかの著者たちも、私と同じアプローチを擁護している。私は、脳が意識をともなう経験を引き起こすと信じている。これらの経験は、内的で、質的で、主観的な状態である。少なくとも、原理的にはこれらの内的状態を引き起こす人工物、人工脳をつくりだすことは可能かもしれない。われわれが知るかぎり、脳で生じているのとはまったく異なる化学作用を使用するようなシステムをつくりだせるかもしれない。ただ今のところ、脳が意識をともなう経験を引き起こす方法について十分にはわかっていない。それゆえ何か別の仕組みを使用することで、脳と同等の因果的効力を持つ人工的なシステムをつくりだす方法はわからない。しかし、意識を引き起こすことができる何らかの他のシステムが、意識を引き起こすために脳が持っているのと同等の因果的効力を持たなければならないということはわかっている。この点は脳が因果的に意識を引き起こすという事実から造作なく導かれる。しかし、機械が意識を備えることができるかどうか、そして考えることができるかどうかという問いは存在しないし、そんな問いはあり得ない。なぜならば、脳は機械だからである。さらにいえば、私が先に指摘したように、意識を備え考えることができる人工的機械をつくりだすことにたいして原理的に知られた障害はない。

　さて、純粋に言葉上の論点として、われわれは何がしかの計算的な記述のもとにシステムを記述することができる以上、人工的な意識を備えた機械を「コンピュータ」として記述することさえ可能であり、このことは、私が擁護している立場があたかもデネットの立場と整合的であるかのような印象を与えるかもしれない。しかし、実際のところ、二人のアプローチは根本的に異なっている。デネットは、脳が内的で質的な意識状態を引き起こすとは信じていない。なぜならば、彼はそのようなものが存在するとは信じていないからである。私の見方では、意識を備えた人工的な機械が持つ計算的な側面は、意識に付け加えられる何かである。デネットの見方では、計算的特性に付け加えられる意識などはない。なぜならば計算的特性が、デネットにとってはまさに意識に相当するもの、つまり、並列型アーキテクチャにおいて実装されているフォン・ノイマン（型）仮想機械が持つミームの効果、であるからである。

　デネットの本は、意識の問題に何の貢献もしないどころか、むしろ最初からそのような問題があることを否定しているという点において、本書で検討している本のなかでも類のないものである。デネットは、キルケゴールがほかの文脈で言ったように、形式は保っておいて、その形式が持つ重要性をはぎ取っている。デネットは意識という語彙は保持しながら、その存在は否定する。

しかし、次のように反論する者もいるかもしれない。デネットが正しかったこと、実際に内的で質的な心的状態のようなものはないこと、意識に関することのすべてが日没のような錯覚であることを、科学は発見できるのではないか、と。結局のところ、もし科学が、日没が体系的な錯覚であるということを発見できるならば、いったいどうして科学が、痛みのような意識状態もまた錯覚であることを発見できないのだろうか。そこには次のような違いがある。日没の場合、科学はデータの存在、すなわち、太陽が空を移動するように見えるということを否定しない。むしろ科学はあれこれのデータについて代わりとなる説明を与える。科学は、現われ（appearance）を保存しておきつつ、われわれに現われの背後にある実在にたいするより深い洞察を与える。しかし、デネットはそこから始めるべきデータの存在を否定する。

しかしわれわれは、これらのデータが錯覚にすぎないと証明することで、これらのデータの存在を論駁できないのだろうか。その通り、それらのデータが根底にある実在を偽装している現象にすぎないと証明することでは、意識をともなう経験が存在することを論駁はできない。なぜなら、意識に関するかぎり、その現われが存在することがそれが実在することだからである。もし私に、まさに自分に意識をともなう経験があるかのように思われるならば、私は意識をともなう経験を持っているのである。これは認識論的な論点ではない。たとえば、私が幻肢痛に苦しんでいるならば、自分の経験に関してさまざまな種類のあやまりを犯すだろう。しかし信頼できる報告であろうとなかろうと、日没を見ているという経験は日没と同一ではないが、痛みを感じているという経験は痛みと同一なのである。

　私は、デネットが意識の存在を否定することを、彼があらたな発見をしたとか、あるいはまともに可能なことだとさえ見なさない。むしろそのようなデネットの否定を知的病理の一形態であると見なしている。デネットの説明の興味深いところは、どのような想定によって知的な人が自分の首を絞めることになりうるのかがわかることである。デネットの場合、その答えを見つけるのは難しくない。彼は次のように述べている。「その考え方を最も単純化していえば、人間の心を「直にのぞく」ことはできないが、彼らの言うことは真に受けなければならないのだから、およそ心的出来事に関して存在する事実というものは……科学的データのうちには入らないことになる」(pp. 70–71. 邦訳 九三頁)。そしてその後で、

> たとえ心的出来事が、科学のデータのなかに見つからないとしても、だからと言ってわれわれがそれを科学的に研究できないということにはならない。……課題は、心的出来事に関する理論を、科学的方法が許容するデータを用いて打ち立てるということになる。そういう理論は、三人称の視点から打ち立てられなければならないだろう。というのも、どんな科学もこのパー

スペクティヴからできているからである。(p. 71. 邦訳 九三―九四頁)

デネットの着想に従えば、科学的客観性は、「三人称の視点」を必要とする。デネットはその本の終わりで、この見方を検証主義――科学的に検証されうるもののみが本当に存在するという考え方――と結びつけている。これら二つの理論により、デネットは、一人称の存在論を持つ現象が存在するという可能性を完全に否定することになる。すなわち、デネットが意識の存在を否定するのは、次の二つの前提に由来する。一つは、科学的検証はつねに三人称の視点を採用するということ、もう一つは、そのように解された科学的検証により検証されえないものは存在しないということである。これはデネットの本の最も根深い誤りであり、それ以外の誤りの大部分の源である。だから私はその誤りを顕わにすることによってこの議論を終えたい。

一人称と三人称の視点(すなわち、主観的なものと客観的なもの)を区別する認識論的意味と存在論的意味とを区別する必要がある。言明のなかには、観察者の側のいかなる偏見や態度からも独立に真や偽であると知られうるものがある。それらの言明は認識論的な意味で客観的である。もし私が、たとえば、「ヴァン・ゴッホはフランスのオーベル・シュル・オアーズで亡くなった」と言うならば、その言明は、認識論的に客観的である。どんなひとの個人的な偏見や好みとも関係なくその言明は真である。しかし、もし私が、たとえば、「ヴァン・ゴッホはルノワールよりもよい画家であった」と言うならば、その言明は認識論的には主観的である。その言明が真実であるか虚偽であるかは、少なくとも部分的には観察者の態度や好みの問題である。主観‐客観の区別というこのような意味に加えて、存在論的な意味がある。存在者のなかには、たとえば山のように、いかなる主体にも依存しないという意味で客観的に存在するものもある。たとえば痛みのように、その存在が主体に感じられることに依存しているという点で主観的であるものもある。それらは一人称のあるいは主観的な存在論を持つ。

さてここがポイントである。科学はまさに認識論的客観性をめざしている。そのねらいは、われわれの特殊な好みや偏見から自由である真理の集合を得ることにある。しかし、方法の認識論的客観性は、主題の存在論的客観性を要求しない。私や私に似た人々が痛みを持つということは――認識論的な意味で――まさに客観的事実である。しかし、これらの痛みの存在様態は――存在論的な意味で――主観的である。デネットが行なっている科学の定義は、科学が主観性を調査しうるという可能性を排除しているし、デネットは、科学が持つ三人称的客観性によりこの定義を採用せざるを得ないと考えている。しかし、それは「客観性」に関する悪い語呂合わせである〔客観的事実（客観的実在）と客観性とが混同されている〕。科学のねらいは、世界の仕組みに関する体系的な説明を得ることにある。世界の一部は存在論的に主観的な現象から構成されている。もし科学の定義を、世界の主観的な部分を調査することを禁じるものとするならば、変えられるべきは定義の方であり、世界ではない。

デネットの五一一頁にもわたる本全体でたびたび同じ間違いが繰り返されているという印象を与

えたいわけではない。それどころか、デネットはたくさんの価値ある指摘をしているし、最新の神経生物学や認知科学の著作の多くを特に上手に要約している。たとえばデネットは、脳が表象する世界における出来事の時間順序と、脳内で進行している表象作用の時間順序との複雑な関係について、興味深い議論を提供している。

デネットの散文は、いく人かの評者が指摘しているように、快活で時として愉快であるが、ここで説明しようとしたように、決定的な点で不正確でありごまかしているところがある。デネットの最悪なところは、先に引用したゾンビについての一節からわかるように、読者を口汚い言葉と修辞的な問いとで脅しつけているところである。典型的なやり口は、対立する見方を「語りえない」存在者に依拠しているものとして記述することである。しかしあなたが自分をつねるときに感じる痛みについて語りえぬものなど何もない。

補論　ダニエル・デネットとの往復書簡

この章が基づいている元の原稿の刊行の後、ダニエル・デネットと私は、『ニューヨーク・レヴュー・オヴ・ブックス』誌上で、以下の往復書簡を行なった。

ダニエル・デネットからの書簡

ジョン・サールと私には、心の研究の仕方について根深い不一致がある。サールにとって、それは実にまったく単純である。意識についてわれわれみなが持っている、根底的で長年にわたる検証を受けた直観があり、それらの直観に異議を唱えるいかなる理論もまさに本末転倒だと言う。これとは反対に、私はこう考える。意識にかかわるしつこい問題は、そのようなごく明白な直観を見つけ出し、最初の見かけにもかかわらずそれが偽であることを示すまでは、神秘的なままであるだろう！　私とサールのうちのどちらかがまったく間違っているのであり、その掛け金は高額である。サールは私の立場を「知的病理の一形態」と見なしているし、その〔サールの受けている〕感じが一人だけのものではないということを知っても誰も驚きはしないだろう。伝統はサールの側を支持する。私の見方は、サールが言うように、最初は著しく直観に反する。しかしサールの見方にも問題があり、その問題はいくらかの巧妙な分析の後ではじめて現われてくる。さてどうやって議論を進めようか。それぞれが自分の事例〔の正しさ〕を説明してみせ、相手側が間違っていることを示してみることにしよう。

私としては、巨大な重さをもつ伝統的な意見を動かさなければならないことがわかっていたので、間接的なやり方を試みた。つまり、私は慎重に、〔伝統的なパースペクティヴの〕代わりとなるパースペクティヴを見いだせるだけの精巧な理論を作りだせるようになるまで、肥大した哲学的問いに取り組むことを先延ばしにしておいた――その後ではじめて、どうやって私の理論が持つ反直観的な含意を受け入れられるようになるかを読者のみなさんに示そうとしたのである。サールは私のこの戦略がお好みではなかった。サールは、誠実さを欠いていると私を非難し、はじめの方の章に「ごまかしているところ」を見つけだしている。「デネットは自分が実際に考えていることを隠している」と言うのである。ばかげている。私はまさにこの問題〔動物なんて存在しないと言う頭のおかしな人についてのちょっとしたたとえ話〔pp. 43-45. 邦訳六二―六四頁〕〕に取り組むために、最初にわざわざ回り道をし、来るべきものが何であるかを読者のみなさんに警告したのである。奥の手などはないが、用心してもらいたい――私は、あなたたちが非常に深く大事にしている直観のいくつかを追いかけているのだ。

サールの側に関していえば、サールにはひとつの議論、〈中国語の部屋の論法〉があり、基本的には変化のないまま、一五年にわたって得々とその議論を持ち出している。その議論は、その分野〔心の哲学〕についていくらかでも知っているほとんど皆によってとうの昔におしまいにされているという事実にもかかわらず、専門家でない人々の間ではおどろくほど人気のある出し物であるのがわかっている。その議論は上手に隠された誤謬で満ちている。サール自身が数えたところによれば、その議論にたいする攻撃は百以上も公刊されている。サールはそれらを数えることはできるだろうが、読むことはできないだろうと思う。というのも、長年にわたってサールは、私の知るかぎりでは、それらに含まれている何ダースもの痛烈な批判にたいして決して詳細には応答していないからである。そして、サールは何度も何度も基礎的な思考実験を提示しているだけである。さかのぼって数えてみたところ、それら公刊された批判の七つ以上が私によるもの（Dennett 1980, 1982, 1984, 1985, 1987, 1990, 1991, 1993）であることを発見し、愕然としている。サールは、さかのぼると一九八二年に、それはダグラス・ホフスタッター〔アメリカの認知科学者。一九四五―〕と私が最初に〈中国語の部屋〉を「うまくいかせている」気の利いた手品をあらわにした時であったが、『ニューヨーク・レヴュー・オヴ・ブックス』誌上で数ページにわたって激怒しながら私に議論を仕掛けてきた。それが、今までのところサールが私の特定の批判に取り組んだ最後のものである。今またサールは〈中国語の部屋の論法〉を得々と持ち出し、厚かましくも「ところで、なぜデネットは私が述べているような現実の議論と向き合わないのか。なぜデネットは自分が〈中国語の部屋の論法〉の三つの前提のうちのどれを拒否するのかを黙っているのか」と尋ねている。いいだろう、なぜならば私はすでに、サールが答えてくれていない論文のいくつかで、非常に詳細に、応答しているからである。たとえば、「速い思考」（以前に書いた『「志向姿勢」の哲学――人は人の行動を読めるのか?』（1987）〔若島正・河田学訳、白揚社、一九九六年〕に所収）のなかで、明示的にサールの三つの前提とその結論をそのまま引用し、その議論を受け入れるためにそれらの前提が必要としている解釈が与えられると、三つの前提すべてが偽になる理由を正確に示した！　いったいどうして私が、一九九一年に出版した本のなかで、その一九八七年の論文を繰り返さなかったのか。それは、サールとは違って、私は別の話題へと移ったからである。しかし、私は〔一九九一年の本の〕脚注（p. 436. 邦訳 五七九頁）において、目立つように私の一九八七年の論文に言及し、その論文にたいするサールの唯一の応答は、そこで提示されているポイントが的外れであると論証なしに宣言しただけのものであったと記しておいた。そのパターンは繰り返されている。今でもサールは、その問題提起を無視すると同時に、サールが書評を書いた私の本のなかで提供している、〈中国語の部屋の論法〉についての私のさらなる批判を不正確に述べ続けている。しかし、たぶんサールは、書評を書くのにかかった四年の間に私が実際に書いたことを忘れてしまったのだろう。

しかし〈中国語の部屋の論法〉についてはもう十分である。私としては何を提供すべきであろうか。私は致命的に偽である直観の候補を知っている。その候補とは実のところ、まさにサールが読者のみなさんにたいして自分と共有するよう勧めている直観、つまりは、われわれが、その感じ

――ご存じのように、刺激の結果であり反応性向の原因である痛いという感じ――クワーレ〔クオリアの単数形〕、主観的状態の「内在的な」内容について話しているとき、まさに何を話しているのかわかっているという確信のことである。いったい誰がそれを否定できようか！　ただ見ればよい――もっとも、細心の注意を払わなければならないが。私はこの直観を破壊する議論を次のことを示すことで展開する。すなわち、意識に関する客観的な科学が結局のところどうやって可能であるのか、そしてサールが提案している「一人称の」代案がことあるごとに自己矛盾やパラドックスに至るのはどのようにしてかを示すことによってである。サールによれば、この議論は私の本のなかの「最も根深い誤り」であり、サールはそれを「顕わにする」ことに取りかかっている。〔サールにとって〕悩みの種は、（ヘテロ現象学という不安を抱かせる名前のもとで）私が記述している客観的な科学的方法が、私のつくりあげたものでは全然ないことである。そして、それは事実まさに、クリック、エーデルマン、ローゼンフィールドを含む、意識にたずさわっているあらゆる科学者が、暗黙のうちに支持し、依拠している方法なのである。彼らは、サールの「内在的」内容や「存在論的主観性」に何の関わりも持たない。彼らのほうが分別をわきまえている。

おもしろいことに、サールは自身の論文においてこの議論を持ち出している。サールはジェラルド・エーデルマンの意識に関する神経科学理論にたいして賞賛を重ねているが、その論文の最後で、エーデルマンの理論がささいな問題を抱えていることを指摘している――エーデルマンの理論は意識に関するものではない！「よって神秘は残ることになる」。エーデルマンの理論はサール流の

「意識」に関するものではない。そのことは確かである。どんな科学理論もそうではありえないだろう。しかしエーデルマンの理論は意識に関するものであり、主張されるべきすばらしいポイントがいくつかある（サールが感嘆しながら列挙しているエーデルマンの理論のポイントは、本当のところエーデルマンの理論の独創的な部分ではない——それらのポイントは、その話題にたずさわっているあらゆる人々が多かれ少なかれ当然のことと見なしているものである——とはいえ、エーデルマンがそれらのポイントを強調しているのは正しい。もしサールがその分野における私の著作を読んでいたならば、彼はそのことを理解しただろう）。エーデルマンは、サールが注意深く「弱いAI」として記述している、ダーウィンⅢのようなコンピュータ・シミュレーションを用いることで自分の理論を支えている。しかし実のところ、エーデルマンは私に、正しくも、自分のロボットは、地球上のあらゆるものと同じくらい本当の志向性を示している——それはまさに人工的な志向性であるし、そうであって悪いことはない——と主張した。エーデルマンは、しばらくサールの〈中国語の部屋の論法〉を真に受けることで出だしを誤ったが、今や正しい方向に進んでいる、と私は考えている。GOFAI（〈古き良きAI〉〔Good Old-Fashioned AI〕——歩く百科事典としてのエージェント）は死んだが、〈強いAI〉は死んでいない。そして計算論的神経科学は〈強いAI〉の銘柄のひとつである。クリックはまさに〈強いAI〉をやっているし、エーデルマンもチャーチランドも私も〈強いAI〉をやっている。そして、ほかの何百もの人々もそうである。

サールはそうではない。サールには研究のプログラムがない。サールは、ひとに知られたくはない擁護すべき真理の体系を抱えている。それらの真理の体系によって、サールはパラドックスに次ぐパラドックスに陥るが、サールがこのことを指摘している批判者たちに対処しないならば、いったい誰に〔そのことが〕わかるだろうか。サールの立場の居心地の悪さに関する詳細な分析ついては、〔サールの〕『ディスカバー・マインド！——哲学の挑戦』〔宮原勇訳、筑摩書房、二〇〇八年〕についての私の書評（*Journal of Philosophy*, Vol. 60, No. 4, April 1993, pp. 193–205）を参照してもらいたい。その書評では、サールが自分にたいする批判者〔の意見〕を無視したり不正確に述べたりしている事例を次々と列挙しながら、わざとこんなことをしているというひどい印象を払拭するようサールに勧めている。サールの論文〔デネットの本にたいする書評〕は、そのように促されてサールが行なった唯一の返答だが、これまでのやり口を再度強めている。このことは、そのような文献になじみのある読者の方にはよくわかると思う。一五年にわたる無視の年月をサールが償おうとしている箇所はそこにはまったくない。だから誰もここでサールが償いをしていると期待すべきではないが、もしサールが親切にも、自分がいつどこで批判者たちに相応の注意と正確さをもって返答しようとしているかを教えてくれるならば、いつでもサールの主張にたいして注意を再開するつもりだ。

ジョン・サールの返答

痛に障る調子のものではあるが、私の書評にたいしてダニエル・デネットが応答してくれたことに感謝する。なぜなら、そのおかげでわれわれ二人の間にある違いを非常に明晰にできるからである。私は、われわれはみな本当に意識状態を備えていると考えている。私が読者のみなさんに、自分の左前腕を右手でつねることで少しの痛みを生み出すちょっとした実験をするようにお願いした事実を思い出してもらいたい。その痛みには、その痛みに特有の質的な感じがあるし、そのような質的な感じは、われわれが起きていようと寝ていようと、その生活の内容を形成しているさまざまな種類の意識をともなう出来事に典型的なものである。意識をともなう出来事と、たとえば山や分子との違いをはっきりさせるために、私は、意識は一人称のあるいは主観的な存在論を持つと言った。そのことによって、私が伝えたかったことは、意識状態は主体によって経験されるときにのみ存在するということ、そしてその主体の一人称の視点からだけ存在するということである。

そのような出来事が、意識についての理論が説明すると想定されているデータである。意識に関する私の説明において、私はそのデータからはじめるが、デネットはそのデータの存在を否定する。できるかぎり明瞭に述べるならば、デネットは『解明される意識』のなかで、意識の存在を否定しているのだ。彼は意識という語を使い続けるが、その語で異なる何かを伝えようとしている。デネットにとって、その語は、ただ三人称の現象を指示するだけであり、われわれみなが持っているような一人称の意識をともなった感じや経験を指示してはいない。彼にとって、われわれ人間と、あらゆる内的感じを欠いた複雑なゾンビとに違いなどまったくない。なぜならば、われわれは複雑なゾンビにすぎないからである。

たいていの読者の方は、最初にこう言われているのを聞くと、私がデネットを誤解しているにちがいないと考えるだろう。確かに、まともな人間であれば、感じが存在するということを否定することなどありえないだろう。しかし、デネットはその応答において、私〔サール〕が彼のことを正しく理解しているのを明らかにしている。彼は「いったい誰がそれを否定できようか！　ただ見ればよい……」と述べている。

私は、デネットの見方を自己論駁的なものと見なしている。なぜなら、彼の見方は、意識についての理論が説明すると想定されたデータの存在を否定しているからである。デネットは、どうやってこのこと〔データの存在を否定すること〕を、言い逃れうると考えているのか。この点において、彼の書簡は問題の本質の説明を誤っている。デネットは、われわれの間の不一致は、競合する「直観」についてのものであり、「伝統的な意見」を擁護する私の「長年にわたる検証を受けた直観」と彼のより最新式の直観との間のものであると書いているし、さらには、彼と私とには「心の研究の仕方について根深い不一致がある」と書いている。しかし、その不一致は直観についてのものではないし、心を研究する仕方についてのものでもない。それは方法論についてのものではない。まずもって研究対象の存在についてのものである。デネットのいう意味での直観は、ひとが信じる気になる何かにすぎず、そのような直観はしばしば偽であることがわかる。たとえば、人々は、物理学における相対性理論によって論駁された時間と空間についての直観を持っている。私は〔別の〕書評で、神経生物学によって論駁された意識についての直観、すなわち、腕の痛みが腕という物理的空間に実際に位置づけられているという常識的直観の例を挙げた(3)。しかし、まさに私の意識状態が存在するということは、私の直観に関する問題と類似してはいない。私が述べた論駁可能な直観には、ものごとが私にどのように見えるかということとそれらが本当のところどのようであるかということの区別、すなわち現われと実在との区別が必要である。しかし、意識状態に関わる場合、現われと実在とを区別することはできない。なぜならば、現われが存在するということがまさに当の実在であるからである。もし私が自分は意識を備えていると意識されるようであれば、私は意識を備えている。それは「直観」、すなわち私が言いたい気になる何ごとかに関する問題ではない。方法論の問題でもない。むしろ、われわれに感覚やそのほかの種類の意識状態があるということは、私——そしてあらゆるほかの普通の人間——に関するまったく明白な事実にすぎない。

　さて、私は書評を書く者として、明らかにそして自己論駁的な仕方で虚偽であるように思われるものを前にして何をすべきだろうか。私はその著者〔デネット〕を、意識を備えているということを思い出させるためにつねってあげるべきだろうか。あるいは、自分をつねってその結果をもっと詳しく記述すべきだろうか。私が自分の書評において採用した方法は、どんな哲学的想定のせいでデネットが意識状態の存在を否定する羽目になったのかを診断してあげることであった。私が彼の書簡から理解できるかぎりでは、彼は私の診断にたいしてまったく反論しない。彼の考えでは、意識状態が存在しないという結論は、彼が明示的に保持している二つの公理、すなわち科学の客観性と検証主義から帰結する。これらの公理は、第一に、科学が客観的あるいは三人称の方法を使用するということであり、第二に、そのように解釈される科学的方法によって検証されえないものは何もないということである。私が自分の書評でかなり詳しく論じたのは、科学の客観性からはデネットが考えているような帰結は生じないということであった。方法に関する認識論的客観性は、主題に関する存在論的主観性を排除したりしない。このことをあまり風変わりでない専門用語で述べるなら、たとえば多くの人が背中に痛みを抱えているという事実は、医学に関する客観的な事実である。これらの痛みが存在するということは、決して誰かの意見や態度に関わる問題ではない。しかし痛みそれ自体の存在様態は、主観的である。痛みは人間主体に感じられるものとしてのみ存在する。要するに、私が意識の詳細に関してデネットの本から見つけ出すことができる唯一の形式的議論は、誤謬に基づいている。彼は書簡のなかで私の議論にたいして何も答えていない。

しかしそうすると、デネットは自分の見方をどのように守りたいのだろうか。彼の返答の中心的な主張は次の文である。

私はこの直観を破壊する議論を、次のことを示すことによって展開する。すなわち、意識に関する客観的な科学が結局のところどうやって可能であるのか、そしてサールが提案している「一人称の」代案がことあるごとに自己矛盾やパラドックスに至るのはどのようにしてかを示すことによってである。

デネットは、二つのポイント、すなわち「客観的科学」に関するものと「自己矛盾とパラドックス」に関わるものを提示している。そこでこれらを順番に考察することにしよう。デネットは書簡のなかで、私が顕わにしたデネットの本における客観性に関する混乱をまさに示している。彼が考えているのは、科学という客観的な方法では人々の主観的な感じや経験を研究することはできないということである。このことは、神経科学についてのどんな教科書からも明らかなように、誤りである。それらの教科書の執筆者たちは、患者の内的で主観的な痛み、不安、そのほかの苦しみを科学という客観的な方法を使用することで説明しようとしているし、自分の学生がそれらを治療する手助けをしている。客観的な科学が主観的な経験を研究できないとする理由などない。彼が考えている「意識の客観的科学」は、その主題を変えている。その主題は、意識についてではなく、むしろ外的行動に関する三人称的説明である。

われわれは意識を備えているという私の見方が「ことあるごとに自己矛盾やパラドックスに至る」というデネットの主張についてはどうだろうか。私の見方にある自己矛盾を示すことができるという彼の主張は、たんなるはったりにすぎないのではないかと思う。もし彼が形式的な矛盾を実際に示したり引き出したりできるならば、それはどこにあるのだろうか。いかなる例も示さないのでは、自己矛盾という非難は空疎である。

意識に関するパラドックスについてはどうだろうか。デネットはその本のなかで心理学や神経生物学の文献に由来する、さまざまな困惑させるパラドックスの事例を述べている。思うに、これらの事例〔の記述〕がデネットの本の最もよいところである。実際のところ、神経生物学を魅力的なものにしている特性のひとつは、びっくりするような、そして時としてパラドックス的結果を生じるとてもたくさんの実験が存在することである。デネットの議論の論理的形式は、次のようなものである。パラドックス的事例は、われわれが本当に意識を備えているという自分たちの「直観」をあきらめさえすれば、パラドックスには見えなくなる。しかしこの結論は保証されてはいない。それらの事例がわれわれにとって興味深いのは、われわれみなが前もって自分たちは意識を備えていると知っているからである。それらの実験はパラドックス的であるかもしれないが、私の記述しているる種類の質的な意識状態をわれわれが持っていないということを示す実験はひとつとしてない。このような議論では、私が自分の書評で説明しようとしたさまざまな理由のために、データの存在を反証することはできないだろう。そのことを私はここでも繰り返してきたが、デネットは答えようとしていない。要約すれば、私は以下のことを主張してきた。

1　デネットは意識が存在することを否定している。

2　彼は、意識の存在に関する問題が、競合する直観の問題であると考えている点で誤っている。

3　彼の見方を基礎づけている哲学的議論は、誤りである。科学が客観的であるという事実から、意識の主観的状態の存在を認めることができないという結論を導びくのは、誤りである。

4　彼の本で提示されている、意識状態はしばしばパラドックス的であるということを示す実際の議論は、意識状態が存在しないということを示してはいない。

5　彼のような議論が訴えている、現われと実在の区別は、意識状態の存在そのものにはあてはまらない。なぜならば、そのような事例においては、現われが実在だからである。

これらが私の提示したい主要なポイントである。お急ぎの読者にはここでやめてもらってもかまわない。しかし、デネットが正しくも指摘しているように、私は、デネットが私にたいして行なっている非難すべてに毎回いつも答えているというわけではない。そこで彼の書簡に含まれている実質的なポイントをすべて取り上げることにしよう。

1　デネットが主張しているのは、私が記述してきたような意識状態は存在しないということに、クリック、エーデルマン、そしてローゼンフィールドが同意しているということである。意識状態と「彼らは何の関わりも持たない」と、デネットは教えてくれる。デネットはまた、クリックとエーデルマンが〈強いＡＩ〉の信奉者であると主張している。〔しかし〕これらの著者とその著作について私の知るかぎり次のように言わなければならない。彼らが書いているものに、意識の存在を否定したいと提案している部分や、彼らが〈強いＡＩ〉を信奉しているという見方を支持する部分は、どこにも見当たらなかった。しかし、これらの点に関してデネットと意見を異にするということを支持する部分についてはたくさん見つかった。私の書評を公刊して以後行なったエーデルマンやクリックとの個人的なやりとりから、彼らの見方について私の理解の方が正しいということを確信している。デネットは自分の主張を支持する原文に基づく証拠をまったく挙げていない。

実際のところ、私が書評を書いたなかで、デネットはわれわれが説明しようとしている意識をともなう経験の存在を否定している点では数ある著者の一人にすぎないが、われわれが意識をともなうと見なしている経験のすべてがたんなる計算機械の操作にすぎないと考えている点では唯一の著者である。その〔意識という〕主題の歴史において、しかし、デネットは決して比類のない人物というわけではない。または彼のアプローチが新しいわけでもない。彼の見方は、〈強いＡＩ〉とギルバート・ライル〔イギリスの哲学者。一九〇〇―一九七六〕の伝統的な行動主義を拡張したものとの混合物である。ライルは数十年前、オックスフォードでデネットの先生であった。デネットは、ＧＯＦＡＩ――〈古き良きＡＩ〉――が死んだということは認める（彼はＧＯＦＡＩをかつては信じていた。大変残念だが、彼はそれがなぜ死んだのか、あるいは誰に殺されたのかは教えてくれない）。しかし、彼は、現代の計算論的神経科学は〈強いＡＩ〉の一形態であると考えている。そしてここでもまたデネットは、間違っていると思う。〈強いＡＩ〉を信じている計算論的神経科学の専門家は実際のところいる。しかし、心を持つことは正しい計算論的なプログラムを持つことにすぎないと信じることは、神経生物学的現象についての計算論的モデルを構築することにとって決して本質的ではない。

2　デネットの書簡における主張のひとつは、明らかに偽である。デネットは、私が〈中国語の部屋の論法〉やほかの関連した議論についての批判を無視し、応答してこなかったと言う。デネットは〔私が〕「一五年にわたって無視してきた」と教えてくれる。これは書評に応答する際の主張としてはまったく奇妙なものである。その書評で、私は、デネットが自分の本で行なっている反論の数々にちょうど答えたところだったのだから。そしてこのことは、私が批判にたいして応答してきた文字通り何ダースもの機会の記録と矛盾している。注にこれらのうちのいくつかを挙げておくが、[4]もっとたくさん引用することもできた。私は、自分の見方にたいするありとあらゆる反論に応答しているわけではない。なぜならばすべての反論が応答に値するとは思えないからである。しかし、私が批判者に応じていないというデネットの主張がまったく不可解であるのは、その記録から明らかなはずである。

近年、問題は興味深い仕方で拡大している。私は一九九〇年のアメリカ哲学会における会長演説で、認知についての計算論的理論の一般的な問題を取り上げた。そしてこの問題の拡張されたヴァージョンが、私の『ディスカバー・マインド！』（一九九二）に収録されている。そのなかで私は、デネットについての書評で私が再度述べた、〈中国語の部屋の論法〉がどちらかといえば計算主義に譲歩しすぎていたという趣旨の議論を進展させた。元の議論では、人間の認知に関する意味論は、コンピュータの形式的な統語論的プログラムに内在的ではないことを示していた。私のあらたな議論では、プログラムの統語論は、ハードウェアの物理学に内在しているのではなく、むしろそのシステムに計算論的解釈を割り当てる外側の解釈者が必要であることを示している（このことについて私が正しいならば、デネットの主張に痛烈な打撃がもたらされることになる。彼の主張のなかに発見できるものは、意識が、デネットが用いる意味においてさえ、仮想的であるにしろ何にしろ、フォン・ノイマン機械であるということだけである。デネットは書簡のなかでそれに何も答えていない）。

3　デネットの書簡は、私にとって仮借なき議論について絶えず言及しているが、決して実際にその議論を述べはしないという点で妙な修辞的質を備えている。決定的な議論はいつもただ舞台裏に、すなわちデネットかほかの誰かが書いた書評のどこかに、あるいは彼が何年も前に出版した本のどこかに、というわけだ。だが今は、デネットはその議論をまったく述べようとしない。デネットが言及している議論へとさかのぼって見てみても、私にはそれらがそれほど重要とは思えない。〔しかし〕デネットはそれらの議論が決定的だと考えている以上、少なくともひとつ、彼が一九八七年に行なった〈中国語の部屋の論法〉への攻撃について言及してみよう。

デネットは、私が書評を書いた際、彼の本を〈中国語の部屋の論法〉にたいする彼の最終的な立場を述べたものであると見なしており、彼のそれ以前の著作を調べていなかったと正しく述べている（事実私は、デネットからの書簡を見るまで、彼が私のこの短い議論にたいする攻撃を七つも公表していたということを知らなかった）。デネットは現在、一九八七年の〔自分の〕議論で三つの前提すべてを否定したと主張している。しかし彼の本の関連する章を読み直してみたが、私にわかるのは、その種のことは何もなされていないし、三つの前提を攻撃するためにまじめな努力さえもしていないということである。それどころかデネットは、私の立場を意味論に関するものとしてではなく意識に関するものとして間違って述べている。デネットは、〈中国語の部屋〉にいる人が意識的には中国語を理解していないことを示すことだけに私の関心があると考えている。しかし、私が実際に示しているのは、意識的であるか無意識的であるかにかかわらず、そのプログラムの統語論は言語の意味論の理解にとって十分ではない以上、中国語の部屋にいる人はまったく中国語を理解していないということである。さらに、デネットはある種の行動主義を前提としている。彼は、あたかも心的状態を持つかのように振る舞うシステムは、心的状態を持つにちがいないと想定している。しかし、その種の行動主義こそが、〈中国語の部屋の論法〉によって問題とされているのだ。だから、私にはデネットの一九八七年の議論が、最近の本における彼の議論の弱点を補っているとは思わないと告白せざるをえない。

4　デネットは自分の本の最初に、意識状態が存在することを否定すると明瞭かつ明快な仕方では述べておらず、その後も意識状態の存在を支持する議論をしていないため、私はデネットの修辞的なスタイルを「ごまかしているところがある」と述べたことに、彼は憤っている。デネットは、同様の批判をした別の批判者、心理学者のブルース・マンガン〔一九九一年にカリフォルニア大学バークレー校で認知科学と美学に関する学際博士号を取得。国際意識科学会ASSCの創設者の一人〕に答えて自分が述べたことを忘れたに違いない。デネットは次のように述べている。

彼［マンガン］は私のことを、はじめから自分の「反実在論的」立場を述べ、それを支持する議論をするどころか、本の後半まで自分の哲学的結論をわざと隠し、「推定承諾的な雰囲気」を創り出し、「修辞的装置」に依拠していると非難している。その通りである！　それこそが私の戦略である……。私の最終的な結論を率直に宣言し、打ち明けたならば、上手く隠すことができないほどの憤慨の大合唱を呼び起こすだけであっただろうし、その世論の沸騰のせいで、私が擁護したい立場を公明正大に探索するなどといったことは、一生できなかったことだろう。

(p. 49; "Caveat Emptor〔買い主危険負担〕," *Consciousness and Cognition*, Vol. 2, No. 1, 1993, pp. 48–57)

デネットがマンガンに答えて得意げに話していることが、まさに私が話していた「ごまかしているところ」なのである。マンガンが非難をすると、デネットは「その通りである！」と言い、私が同じ非難をすると、「ばかげている」と言う。しかし、哲学者が自分で正しいと確信しているが、多くの同意は得られないかもしれない見解を保持している時には、できるかぎり明瞭にその見解について述べようとし、できるかぎり強くその見解を支持する議論をするべきであると、私は提案したい。「世論の沸騰」など、誠実さにくらべたら大した対価ではない。

5　デネットは、私が研究プログラムを提案していないと述べている。それは真実ではない。私の書評の主要なポイントは、まさにどうやって脳のプロセスが意識の質的状態を引き起こすのか、そしてまさにそれらの状態が神経生物学的システムの特性であるのはどのようにしてかを神経生物学的に説明する必要があると説得することであった。デネットのアプローチは、私が述べたように、私が生物科学において最も重要な問いだと見なしているこれらの問いに着手したり、解決したりすることを不可能にするだろう。

6　デネットは、私がただ一つの議論、すなわち〈中国語の部屋の論法〉だけを進めていると言っている。これは真実ではない。実際には、二組の独立した議論があり、一つは〈強いＡＩ〉についてのもの、もう一つは意識の存在についてのものである。〈中国語の部屋の論法〉は、第一の議論であるが、計算主義にたいするより深い議論は、あるシステムの計算論的特性は、そのシステムの物理学にだけ内在しているのではなく、使用者や解釈者を必要とするというものである。この第二の議論について興味深い批判をなしている者もいるが、デネットはその本においても往復書簡においてもそういう批判をしてはいない。デネットはたんに第二の議論を無視している。意識について私が言わねばならないことは、その存在自体をしつこく否定する者がいるならば、伝統的な議論が、前提と帰結によって、デネットを納得させることはとてもできそうにないことである。私にできるのは、ただ読者のみなさんに自分自身の経験ついての事実を思い出させることだけである。ここにこの往復書簡のパラドックスがある。つまり、私は意識を備えた書評者であり、意識をともないながら不可解な仕方で怒りの徴候を示している著者からの反論に意識的に答えている。私がこうしているのは、私が想定している、意識を備えた読者層のためである。私はいったいどうやって意識が本当は存在していないという著者〔デネット〕の主張をまじめに受け取ることができようか。

後記

この往復書簡が公刊された後も、デネットはほかの著作で議論を続けた。不幸にも、デネットは私の考えを正確に引用する際にがんこな問題〔何度サールの文献を引用しても正確であったためしがないという問題〕を抱えている。数年前、デネットと共編者のダグラス・ホフスタッターは一冊の論集を出版したが、そのなかで彼らは五回、私の考えを誤って引用している。[5] 私はこのことを『ニューヨーク・レヴュー・オヴ・ブックス』誌上で指摘した。[6] もっと最近では、この往復書簡の公刊後に、デネットは次のように書いている。

サールは同じ土俵の上にさえいない。サールが主張しているのは、有機的な脳が意識を「産み出す」ように要請されるということである——あるところでサールは実際に、脳は意識を、あたかも何か魔法でできたべたべたするもののごとく、「分泌する」と言ったのである——……[7]

同じ本で、デネットは次のように書いている。

> けれども、われわれが確信しているひとつのことは、人が「生物学的素材」とよんでいるものが、エージェンシー（あるいは意識）にとって必要であるというジョン・サールの考え方に成功の見込みがないということである。(p. 187)

これら二つの引用が問題なのには、彼らが私の見解を不正確に述べ、誤って引用していることにある。私は決して意識を産み出すには「有機的な脳が要請される」などと主張したことはない。われわれにわかっていることといえば、ある種の脳機能が意識にとって十分であるということである。しかし、現在のところ、脳機能が必要でもあるかどうかを知る方法はない。そして私は決して、「脳が意識を「分泌する」」などというばかげた主張をしたことはない。デネットがこれらの引用のソースを示していないことは驚くことではない。なぜならそんなものはないからである。

第六章　デイヴィッド・チャーマーズと意識する心

1

伝統的に心の哲学では、基本的には、二元論者——世界には根本的に異なる二種類の現象、すなわち、心と身体があると考える者——と一元論者——世界はただ一種類の材料でできていると考える者——に区別されると想定されている。二元論者は、「心」と「身体」が、二つの種類の実体の名であると考える「実体二元論者」と、「心的」と「物理的」とは異なる種類の属性や特性の名であって、同じ実体——たとえば人間——が、同時に両方の種類の属性を持つことが可能であると考える「属性二元論者」に区分される。一元論者も同様に、観念論者——すべてのものは究極的には心的なものであると考える者——と唯物論者——すべてのものは究極的には物理的なものであるいは物質的なものであると考える者——とに区分される。

思うに、文明化された人々の大部分は、ある種の二元論を受け入れている。そのような人々は、自分たちが心と身体、あるいは魂と身体の両方を持つと考えている。しかしそれは断じて、哲学、心理学、人工知能、神経生物学、そして認知科学の専門家たちの現在の見方ではない。これらの分野に携わっている人々の大部分は、ある種の唯物論を受け入れている。なぜならば、そのような唯物論が、われわれが現在抱いている科学的世界観と唯一整合的な哲学であると信じているからである。トマス・ネーゲル〔アメリカの哲学者。一九三七―〕やコリン・マッギン〔イギリスの哲学者。一九五〇―〕のような属性二元論者もいるにはいるが、私が知っている実体二元論者は、故ジョン・エックルス卿のように魂の存在にたいして宗教的に傾倒している人だけである。

しかし、唯物論者たちは問題を抱えている。いったん世界における物質的事実のすべてを記述したとしても、それでもなお残された多くの心的現象があるように思われるからである。たとえば私の身体や私の脳に関する事実をいったん記述したとしても、依然として私の信念、欲求、痛みなどに関して残された事実がたくさんあるように思われる。唯物論者たちは概してこれらの心的事実を、物質的現象へと還元することで、あるいはそのような事実が本当のところはまったく存在しないと示すことで取り除かなければならないと考える。過去百年にわたる心の哲学の歴史は、大部分が物理的現象に付け加えられる心的現象など存在しないと示すことによって、心的なものを取り除こうとする試みであった。

これらの努力の痕跡をたどろうとすることは、魅力的な研究である。なぜならば、典型的にはそのような努力の動機は隠されているからである。唯物論的な哲学者は、心的なものの分析を提供していると称しているが、彼あるいは彼女が隠している行動指針は、心的なものを取り除くということである。そのねらいは、心的なものに関して、明らかに偽であるとは思えないものについてまったく触れることなしに、唯物論の用語で世界を記述することにある。それを行なうことは容易ではない。痛みや信念、欲求が存在しないと素直に言っても、とても本当のことには思えない。とはいえそのように語る哲学者もなかにはいる。よりありふれた唯物論者の一手は、その通り、心的状態は本当のところ存在する、しかし、心的状態は物理的現象に付け加えられるものではない、むしろ物理的状態へと還元されうる、あるいは物理的状態の諸形態であると述べることである。

心の唯物論的還元を提供しようとした二十世紀の偉大なる努力で最初のものは、行動主義——ギルバート・ライルやカール・グスタフ・ヘンペル〔ドイツ生まれの科学哲学者。一九〇五—一九九七〕により提示された見方——であった。その見方は、心的状態とはたんなる行動のパターンや行動への性向なのであり、その場合、「行動」とは、心的な構成要素をまったく随伴しない身体的な動きのみを意味する。発話という行動は、たとえば、行動主義者の構想によれば、ひとの口から出てくるノイズに関する事柄である。行動主義は、明らかに偽であるように思える。なぜならば、たとえば、痛いという感じと痛みと連合した行動とが別ものであるということは誰もが知っていることだからである。C・K・オグデン〔イギリスの言語学者・哲学者・作家。一八八九—一九五七〕とI・A・リチャーズ〔イギリスの文芸批評家・修辞学者。一八九三—一九七九〕がかつて表明したように、行動主義を信じるためには、あなたは「全身麻痺を装わ」なければならない(1)。

行動主義にともなう別の困難は、心的状態が行動を引き起こすというわれわれの直観を説明できないことである。たとえば、行動主義の分析に従えば、雨が降っているという私の信念は、行動のパターンと行動への性向とから構成される。私がそのような信念を持っていることは、たとえば、私が外出するときにレインコートを着用し、傘を持っていくといった事実に帰着する（そして、思い出してもらいたいのは、これらの行動は身体運動にすぎないことである。それらの行動を何らかの心的内容を持つものと考えてはならない）。しかし、われわれは自然に、その信念がその行動を引き起こすと言いがちであって、その信念がまさにその行動であるとは言いそうにない。

さらに、行動主義の分析はそのままでは、心的なものを行動へと還元するものとして正しいはずがないように思われる。なぜならば、その分析は循環しているからである。心的状態を分析するためには、別の心的状態を前提しなければならない。たとえば、雨が降っているという私の信念は、私が濡れたくないという欲求も持っているときにかぎり、傘を持っていくことで明らかにされるだろう。濡れたくないという私の欲求は、傘によって自分は濡れずにすむという信念を持っているときにかぎり、傘を持っていくことで明らかになるだろう。それゆえ、行動主義には、それが「そもそも」もっともらしくは思えないという明らかな困難に加えて、少なくとも二つの困難がある。第一の困難は、心と行動の間の因果関係を説明できないということ、第二の困難は、心的状態と行動との関係が、ほかの心的状態に言及することなしには分析できないということである。信念を分析するためには、欲求を持たねばならず、反対に、欲求を分析するためには、信念を持たなければならない。

これらの困難を考慮すると、唯物論者の次の大きな一手は、心的状態は脳の状態と同一であると述べることであった。この理論は、J・J・C・スマート〔イギリス生まれのオーストラリアの哲学者。一九二〇―二〇一二〕たちによって提出されたのだが、「物理主義」あるいは「同一説」と呼ばれており、さまざまなヴァージョンがある。しかしこれにもまた困難がある。ひとつの困難は、〔心的状態である〕ある脳の状態について、心的状態ではない別の脳の状態とは異なり、何がその脳の状態を心的状態にしているのかを説明可能にする必要があるということである。さらに、脳のみが心的状態を持つことができると述べるのはあまりにも制限がきつすぎるように思われる。いったいどうして、同様に心的状態を持っていながら、脳のなかに存在している物理的状態のようなものはいっさい持たない、たとえばコンピュータのような、機械をつくりだせないのだろうか。いったいどうして、ほかの惑星あるいはほかの太陽系には、心を持っているがわれわれとは化学組成が異なる、有機体が存在しえないのだろうか。

行動主義や同一説の抱える諸困難により、「機能主義」と呼ばれる新しい理論が生み出された。機能主義とは、物理主義と行動主義が抱える困難の多くを回避しながら、それらの好いとこ取りをしているものと想定されている。機能主義は、心と身体の関係について、今日の哲学者の間で最も広く採用されている理論である。ヒラリー・パトナム〔アメリカの哲学者。一九二六―〕やデイヴィッド・ルイス〔アメリカの哲学者。一九四一―二〇〇一〕のような機能主義の擁護者によれば、心的状態はまさしく物理的状態であるのだが、それらの状態が「心的」と定義されるのは、物理組成のためではなく、因果関係のためである。われわれはみな、因果関係によって、機能的に定義できる諸概念について知っているし、そのような概念との類比によって心的概念を理解すべきである。たとえば、時計とキャブレター〔気化器〕について考えてみよう。時計とキャブレターはどんなものであれ物理的対象であるが、さまざまな種類の素材によって作ることができる。あるものが時計であるかキャブレターであるかは、そのあるものがすること、その因果関係がどのようなものかによるのであって、構成されている素材によるわけではない。特定の結果を生じさせるように働く(「機能する」)ならば――この場合であれば、時間を教えてくれたり、空気と燃料とを混合したりするならば――どんな素材でもかまわないだろう。その状況は心的状態に関しても、機能主義者が論じるように、本質的には同じである。信念や欲求はすべて物理的「システム」の物理的状態であるが、そのシステムはさまざまな種類の素材から生み出すことができる。何かが信念や欲求であるのは、その何かがすること、その因果関係がどのようなものかによるのであって、そのシステムが構成されている素材によるのではない。だから、脳、コンピュータ、地球外生命体、そしておそらくほかの「システム」も、正しい因果関係をともなう状態にあるならば、心を持つことができる。

典型的な機能主義的分析は次のように進む。雨が降っていると私が信じているとしよう。その信念は、私の脳の一状態ではあるだろうが、コンピュータやほかのシステムも、まったく異なる物理的/化学的組成であるにもかかわらず、同じ信念を持ちうるだろう。それでは、私の脳の状態に関するどんな事実がその状態を信念にしているのか。機能主義の答えは、あるシステム――人間、コンピュータ、あるいはほかのもの――のある状態が、雨が降っているという信念であるのは、その状態が正しい因果関係にあるときだというものである。たとえば、私の信念は、雨が空から落ちているときに私が窓の外を見ることで引き起こされた私の脳の状態であり、この状態が濡れたくないという私の欲求（私の脳の別の機能的状態）と一緒になり、私が傘を持っていくといったような、ある種の出力行動を引き起こす。信念とは、そのとき、一定の物理的原因を持ち、かつ欲求のような一定のほかの機能的状態をともなうことで一定の物理的結果をもたらす、任意の物理的システムの任意の物理的状態ということになる。

そして、思い出してもらいたいのは、これらの原因と結果はどれも、何らかの心的な構成要素を持つとは考えられていないことである。これらの原因と結果は、物理的なもののシークエンスにすぎない。機能主義者は、信念が、（物理的状態に）加えてこれらの因果関係も持っている還元不可能な心的状態であるとは断じて述べない。むしろ信念であるということはこれらの因果関係を持つことに完全に帰着すると述べる。信念は、正しいパターンの原因‐結果関係の一部であるならば、一群のニューロンの発火、コンピュータの電圧レベル、火星人のなかの緑色の粘液、あるいはそのほかの何からでも構成できる。信念は、それ自体としては、たんなる何か、あるX、あるパターンの因果関係の一部であるということであり、それらのものが信念として定義されるのは、それらがそのパターンの因果関係おいて占める位置のためである。このパターンは、あるシステムの「機能構成」と呼ばれる。そしてあるシステムが信念を持つことは、たんにそのシステムが正しい機能構成を持つことにすぎない。あるシステムのある機能構成が、物理的入力を受け取り、そのシステムの内的な原因‐結果関係の連続を通じてそれを処理し、物理的出力を産み出すのである。

「機能主義」という語は、混乱を招くものかもしれない。なぜなら、その語はさまざまな分野でさまざまなものを意味するからである。しかし心の哲学においては、これまで見てきたように、その語にはきわめて正確な意味がある。機能主義は、現代の哲学者たちにとって、心的状態は機能的状態であり機能的状態は物理的状態である、という見解である。しかし、心的状態が機能的状態として定義される物理的状態であるのは、それらの因果関係によってである。

自分の最も深いところで感じられる信念や欲求、ましてや自分の希望、恐怖、愛、憎しみ、痛み、そして不安について顧みることで機能主義者になった者など誰もいない。その理論は、私の考えでは、まったく信じがたいものであるが、その魅力を理解するためには、歴史的文脈において理解しなければならない。二元論は非科学的であり、それゆえ受け入れることができないように思われる。伝統的なヴァージョンの行動主義と物理主義は失敗した。機能主義の信奉者にとって、機能主義は、それぞれのいいとこ取りをしたものに思える。機能主義は唯物論者にとって唯一の代案であるように思われるかもしれない。そしてこのことが、機能主義が今日の心の哲学において最も広く採用されている理論である理由を説明していよう。機能主義はコンピュータの使用と結びつけられることで、認知科学というあらたな分野においても支配的な理論になった。

機能主義を信奉する認知〔科学〕の理論家たちの間でなされる中心的な議論は、脳の機能的状態がコンピュータの計算状態にまさに似ているというものである。脳とコンピュータという両方の事例で問題となるのは、その状態の物理的特性ではなく、つまりはニューロンの発火のパターンでも電圧レベルのパターンでもなく、因果関係のパターンである。さらに、機能構成の完璧なモデルをコンピュータ・プログラムが示しているように思われる。そのプログラムをハードウェアの機能構成として記述することができる――すなわち、そのプログラムが、そのハードウェアに望ましい結果を産み出させる〔機能〕構成を提供するのである。今日では、たいていの機能主義者が、心的状態とはコンピュータの「情報処理」であると述べるだろう。極端なヴァージョンの計算論的機能主義――私が「強い人工知能」とか「強いＡＩ」と命名したものである――に従えば、脳はコンピュータであり、心は脳に実装されたコンピュータ・プログラムである。心的状態は脳のプログラム的状態にすぎない。それゆえに、現在広く共有されている見方に従えば、物質的状態は、唯物論的であると同時に機能主義的でもあり、情報処理に依存し、そして計算論的でもあるような仕方で分析されるべきである。

しかし、そのような見方を採用するものはみな、意識に関する特殊な問題を抱えることになる。痛みに関する行動主義的分析が信じがたいように、意識をともなう痛みの感じを、私の頭蓋骨のなかにあるデジタル・コンピュータの機能的に分析されたプログラム的状態と完全に同じだと考えることは、ひどく信じがたいことのように思われる。痛みのような意識をともなう感じに関することになると、機能主義者と機能主義者ではないわれわれの間にある違いは、とても鋭いものになる。われわれが通常持っている科学的で常識的な考え方に従えば、

1 痛みとは、不快な感覚である。すなわち、痛みは、不快で、内的で、質的で、主観的な経験である。

2 痛みは、脳とそれ以外の神経系における特定の神経生物学的プロセスによって引き起こされる。

機能主義者は、これら両方の主張を否定しなければならない。彼らは、次のように言わなければならない。

1 痛みとは、脳やそれ以外のものにおける機能構成の諸パターンの一部をなしている物理的状態である。人間において、その機能構成は次のようになる。怪我のような入力刺激が、神経系の物理的状態（コンピュータ機能主義によれば、これらは計算的、情報処理的状態である）を引き起こし、次にこれらの物理的状態がある種の物理的な出力行動を引き起こす。

2 人間において、ほかのあらゆるシステムと同様に、これらの機能的に構成された物理的状態が痛みを引き起こすことはない。これらの物理的状態がまさに痛みである。

機能主義のプロジェクトに共感を覚える哲学者たちには、意識を説明するという問題に至ったとき、選択肢がある――すなわち、機能主義をあきらめ、意識の還元不可能性を受け入れるか、あるいは機能主義にとどまり、意識の還元不可能性を否定するかという選択肢である。トマス・ネーゲ

ルは、意識の問題のために、機能主義を退けた哲学者の例である。デネットは、機能主義を支持して意識を退けた。(2)

2

われわれは今や、デイヴィッド・チャーマーズによる『意識する心』がますます注目を浴びつつあり、哲学者や認知科学者たちの諸々の会議において議論の主題となっている理由のひとつを理解することができる。(3) チャーマーズの立場の特異性は、彼が同時に二つのアプローチを受け入れているところにある。すなわち、チャーマーズは、唯物論的、機能主義的なお話の全体――〈強いAI〉などのすべて――を、意識に到達するところまでの心の説明として受け入れている。しかし、そのうえで、彼は、全体として機能主義に傾倒しているものの、機能主義的分析を被らないと彼が言う意識を付け加えたいのである。チャーマーズの考えでは、心的概念に関する機能的分析を用いることで、物質的世界にたいして、還元不可能で非機能主義的な意識が神秘的な仕方で付け加えられることになる。私はこの見解を「奇妙である」と言いたい。なぜならば、機能主義はまさに、意識やほかの心的現象が還元不可能な存在であると認めることを避けるために、したがって二元論を避けるために、進化してきたからである。〔ところが〕チャーマーズは両方を、すなわち機能主義と二元論とを望んでいるのだ。チャーマーズは自分の立場を次のように要約している。「意識は機能構成から生じるが、機能的状態ではないと信じることができる。私が唱道する見方はこの形をとっている——それは非還元的機能主義と呼べるかもしれない」（p. 249. 邦訳 三〇九頁）。そして、さらに簡潔に「認知は機能的に説明づけることができるが、意識はそのような仕方では説明できない」（p. 172. 邦訳 二二二頁）とする。

その状況は、次のような事実によってより特異なものになる。（1）チャーマーズが、機能主義では意識を説明できないことを証明するために、機能主義に反対するさまざまな著者が進めてきた標準的な議論を利用しているという事実と、（2）その上でチャーマーズが、類似した議論を機能主義に反対する一般的な議論として受け入れることを拒否するという事実である。たとえば、ネッド・ブロック〔アメリカの哲学者。一九四二―〕や私自身を含むさまざまな哲学者たちが進めてきたひとつの議論は、機能主義者が、不適切なシステムにもすべて心があると言うよう強いられるだろうというものである。機能主義的な見方に従えば、ビール缶、ピンポン玉、中国人民全体から成るシステムなどが、信念、欲求、痛み、かゆみのような心的状態を持ちうることになる。しかしこれは直観に反するように思われる。

チャーマーズは、機能構成だけでは意識ではないと述べている。意識がその機能構成に加えられなければならないのである。しかしその〔機能〕構成が、非意識的な形態において心的状態の構成要素を提供する。そして後になって、チャーマーズは、以下で見るように、意識を「生じさせる」方法を示そうとしている。チャーマーズは、機能構成が意識と同じでないと信じてはいるが、二つはいつも一緒にあると考えている。

〔機能〕構成がシリコン・チップに実現されていようが中国の人々に実現されていようが、はたまたビール缶とピンポン玉に実現されていようが、そんなことは問題にならない。機能構成が正しいかぎり、意識を伴う経験は確定されるだろう。(p. 249. 邦訳 三〇九頁)

なぜチャーマーズはこのようなことを言うのか。言い換えれば、何がコンピュータ機能主義と属性二元論との奇妙な結婚を導いているのか。『意識する心』は、今日の認知研究における絶望の徴候であると思う。一方で、コンピュータ機能主義はあきらめがたい。なぜなら、コンピュータ機能主義が認知科学における主要な研究プログラムだからである。しかし他方で、意識についてほんの少しでももっともらしい機能主義的な説明を与えられる者は誰もいない。チャーマーズはただ意識を自分が全般的に傾倒している機能主義へと付け加えているにすぎない。チャーマーズの本は、私が論じるように、意識について受け入れ可能な説明を与えてはいないが、ある種の突破口として広く歓迎されている。その理由は、機能主義――人々がイデオロギー的根拠から望んでいるもの――と、意識の存在と意識の還元不可能性の是認――認知の研究において多くの人々が、少なくとも認める用意があるもの――を結びつけるように思われるからだと考えられる。

チャーマーズは『意識する心』を、意識にまともに取り組むべきであるという主張と、意識の還元不可能性を支持する議論から始めている。ここまではけっこうである。

意識の還元不可能性を支持するチャーマーズの議論は、トマス・ネーゲル、フランク・ジャクソン〔オーストラリアの哲学者。一九四三―〕、ソール・クリプキ〔アメリカの哲学者、論理学者。一九四〇―〕、私自身などにより使用されている諸々の議論を展開し、拡張している。おそらく、そのなかでも最も単純で、そして私が思うにチャーマーズが最も依拠している議論は、意識を備えていないゾンビの論理的可能性に基づいている。もしわれわれとちょうど同じように構成され、まさにわれわれと同じ行動パターンを示しているが、まったく意識を欠いたゾンビが存在可能であると想像することが、自己矛盾にならないという意味で論理的に可能であるならば、われわれの意識がただわれわれの行動や機能構成だけに帰着するということは論理的にありえないということになる。以前にそのような事例を記述したとき、私は読者のみなさんの脳が、行動を再現はするがそこには一般に行動とともにあるはずの意識をともなわないシリコン・チップに取り替えられたと想像してみるようにお願いした[4]。そのシリコン・チップは、たとえば、われわれを起き上がらせ、部屋を横切らせる刺激を伝達するかもしれないが、われわれには自分がそうしているという意識はないだろう。もしそのようなものが想像可能であるならば、そしてそのようなものは確かに想像可能であるのだが、そうだとすると意識が行動や機能構成の問題にすぎないということはありえなくなる。たとえば、私の脳がシリコン・チップで取り替えられて、その合成機械〔脳をシリコン・チップで取り替えられた私〕が「私はあなたをひとめ見て恋に落ちた」とか「私にとって詩のこのくだりは刺激的である」のような音を発語するが、その「システム」が意識をともなう感じをまったく備えていないと想定しよう。その機械は音を出してはいるが、そのような音を出すテープレコーダや音声合成装置と同様に、感じを持つことはない。そのようなシステムは、その想定に関しては何も自己矛盾はないという意味で、論理的には可能である。

チャーマーズは自分の議論を、私が進むつもりがない方向に、さらに一段階進める。チャーマーズは、システム全体が、物理的には分子にいたるまで普通の人間と同一であるが、まったく意識状態を持たない事例を想像するよう求める。私の考えでは、そのような事例は不可能だろう。なぜなら、脳の構造と機能とが意識を産み出すのに因果的に十分だとわれわれは知っているからである。チャーマーズは、そのような事例が生物学的に不可能であることには同意するだろうが、生物学の法則に関して論理的に必然的なものは何もないと指摘している。われわれは、その法則が異なっている世界を想像できる。自己矛盾してはいないという意味で、物理的粒子のすべてがわれわれの世界のものに極似するのに加えて、われわれ一人ひとりにたいしてゾンビのドッペルゲンガーがいる世界——ただしその世界には意識なるものはまったく存在しない——がありうると想定することは確かに論理的に可能である。そのような世界で、ドッペルゲンガーは「私にとって詩のこのくだりが刺激的です」という音を出しはするが、意識をともなう経験はまったく持っていない。しかしもしそうであるならば、チャーマーズにとって、意識とは物理的世界に付け加えられるものであり、物理的世界の一部ではないように思われる。もし物理的世界が意識なしでも同じままでありうるならば、意識は物理的世界の一部ではない。

この議論はそのままでは妥当ではない。もし私が、自然法則が異なっている奇跡的な世界について想像するならば、われわれの世界と同じ微小構造を持ちながら高次のレベルの属性がまったく異なっている世界を容易に想像できるだろう。私には、たとえば、ブタが空を飛ぶことができ、岩が生きている世界を想像できる。しかし、私がこれらの空想科学的な事例を想像できるという事実は、生命や飛ぶという行為が物理的属性や出来事ではないことを示さない。だから、ゾンビの議論を拡張することで、チャーマーズはその議論の妥当ではないヴァージョンを産み出しているのである。その元のヴァージョンでは、行動と機能構成とがそれだけでは意識にたいして十分ではないということを示そうと企てられていた。チャーマーズはその議論を、自然法則が異なっている異なる世界においては、物理的特性はそのままでありながらも意識が存在しないことがありうることを示すために用いている。このことからチャーマーズは、意識が物理的属性ではないと結論づけている。〔しかし〕このような結論は導かれない。

3

意識の存在に関するチャーマーズの説明を吟味する前に、意識が実生活においてどのように働いているのかを思い出してみよう。典型的な場合、私が痛みという意識状態を得る仕方は次のとおりである。かなづちで自分の親指を打ちつけると、このことによって私は、痛みという意識を伴った不快な感覚を感じる。痛みによって私は「痛いっ！」と叫ぶ。その痛み自体は、感覚受容器にはじまり、脳、すなわち、おそらく視床、脳のほかの基底部そして体性感覚皮質に終わる特定の神経科学的な出来事の連続によって引き起こされる。もちろんずっと多くのことが述べられるべきだし、神経生物学的な詳細についてはずっと多くのことが知られる必要がある。しかし私は、いま語ったお話がこれまでのところ真であるし、これに類するお話が、これらの問いについて哲学的な説明をはじめる前からずっと真であるに違いないと知っている。しかしチャーマーズはこのような筋書をまったく受け入れることができない。チャーマーズは意識と物理的実在とを形而上学的に区別しているので、脳の特定の神経生物学的特性が、意識をともなう痛みを産み出す際に、何らかの特別な因果的役割を果たすとは考えていない。またこの区別のために、彼の説明では、物理的な行動の因果的説明を与えることはできない（後ほどわかることだが、チャーマーズにとって、宇宙のすべてものが意識を「生じさせる」のだから、脳もまた意識を生じさせる。だが、このことは脳の特定の神経生物学とは無関係である。意識はすべて機能構成の問題なのである）。

属性二元論と機能主義とを仮定することで、チャーマーズは何を言おうとしているのか。属性二元論によって、チャーマーズは、痛みが物理的世界の部分ではまったくないと言うだろう。属性二元論者にとって、痛みは心的現象であって、物理的現象ではない。機能主義は、チャーマーズに、次のように言うよう要請するだろう。すなわち、痛みは全面的にほかの物理的状態と因果的に関連する物理的状態であると。しかしチャーマーズは、いったん心についての機能主義的分析と意識の還元不可能性を受け入れたかぎり、機能構成とは異なる現象としての意識がまさに存在することを説明するために、何ごとかを言わなければならない。

ついにチャーマーズは、本当のところ「痛み」には二つの意味があると述べることになる。一つは、物理的で機能主義的な意味であり、それに従えば、痛みはまったく意識をともなう状態ではないということになる。もう一つは、意識に依存している意味、すなわち、痛みが不快な感覚であるとする意味である。すると、二つの関係を説明することが彼の問題になる。そしてチャーマーズは、唯一の希望は「構造的コヒーレンスの原則」を用いることだと考える。この原則によれば、意識の構造は機能構成の構造によって映し出され、機能構成は意識の構造によって映し出される。この完全な相関を使用することで、チャーマーズは機能的状態によって意識状態を説明しようとする。その結果が、先に述べた機能主義と属性二元論との組合わせである。チャーマーズは、機能的状態が意識状態を引き起こすと言う気にはとてもなれない。なぜなら二元論者は、その二つの領域の因果関係に関していつもひどいめにあってきたからである。そこでチャーマーズは仕方なく、「意識は脳の機能構成によって生まれる」(p. 248. 邦訳 三〇七頁) と述べる。

これがチャーマーズによる意識の説明である。その説明が本当のところ、どれほど反直観的で、どれほど奇怪であるかを忘れないことが重要である。実生活においては、実際のところ、「機能構成」と意識とは、少なくとも人間が関わるところでは、かなりよく対応している。しかし、そうであるのは、典型的にはその〔機能〕構成の諸部分が意識を引き起こし、次に意識が機能構成のほかの部分を引き起こすからである。思い出してもらいたいのは、「機能構成」はただ、入力刺激にはじまり出力行動に終わる物理的な原因と結果のパターンを指示しているにすぎないことである。コヒーレンスを説明するためには意識が必要であるが、意識を説明するためにはコヒーレンスは必要ではない。かなづち—親指—痛み—痛い、という連続における、機能構成と意識との対応について考えよう。親指を打ちつけるかなづちが、痛みという意識をともなう経験を最終的に引き起こすニューロンの発火の連続を引き起こし、その痛みによって今度は「痛い！」と言うことになる。機能構成自体は、痛みの因果関係にたいする説明としてはまったく不十分である。痛みは、人間やほかの動物の内側の神経系で生じるものによって決定的に引き起こされる。そして、たとえば自動車やサーモスタットのような無生物においては、好きなだけたくさんの機能構成がありうるが、それでも意識や痛みは存在しない。

　私が知りうるかぎり、チャーマーズは、意識と機能構成には完全な対応があるに違いないという主張を支持する議論を実質的には一つだけ提出している。その議論には二つのヴァージョン、「ぼやけていくクオリア」に由来する議論と「跳ね踊るクオリア」に由来する議論（「クオリア」は意識状態の質的側面を指示している）とがあるが、それらは本質的には同じものである。その議論の基本的な考え方は、機能構成と意識の間には誤った対応はありえないと示すことにある。なぜなら、もし誤った対応があれば、あるシステムの意識状態は、たとえその機能構成が、したがってその振舞いも不変であるとしても、ぼやけていくこと（「ぼやけていくクオリア」）が想像できるようになるからである。そしてまたあるシステムの意識状態が、その振舞いと体系的には関係がないような仕方で変化すること（「跳ね踊るクオリア」）も想像できるようになるだろう。しかしこれらの議論は、チャーマーズが述べているように、不可能である。なぜなら、心的内容におけるいかなる変化も「機能構成における変化に映し出され」なければならず、それゆえにその振舞いにも映し出されなければならないからである。

しかしこの議論は、争点を繰り返すことによって、まさに論点先取をしており、それを立証してはいない。意識を備えていないシステムが、あたかも意識を備えているかのごとく振る舞うように、あるパターンの機能構成を構築できると想定しよう。たとえばロボットが、意識を備えていないのに、あたかもそれを備えているかのごとく振る舞うよう構築されていると想像してほしい。さらに、私はこれを事実だと考えているが、意識が脳のプロセスによって引き起こされ、このロボットには意識を引き起こすのに十分な脳構造に似たものが何もないと想定しよう。すると、機能構成と意識との間に誤った対応関係があることになる。そのロボットは機能構成を持つが、意識を備えてはいない。チャーマーズの議論はそのようなロボットが不可能であることを示していないし、それゆえに、機能構成と意識とがいつも一致しなければならないことも示してはいない。

さらにいえば、〔以上のこととは〕独立に、われわれは、特定の形式の振舞いと特定の形式の意識の間にはあらゆる種類の裂け目があることを知っている。たとえば、ギラン・バレー症候群の患者のなかには通常の意識的内面生活はあるものの、それを行動で表現することがまったくできない者がいる。医者がその患者は意識を備えておらず、実際のところまったく脳死〔状態〕であると考えてしまうほどにまで、そのような患者〔の身体〕はすっかり麻痺している。その「機能構成」は〔意識にたいして〕適切ではない。なぜならば、〔恐怖に〕おびえ、〔身体が〕麻痺している患者は十分な意識を備えているが、その意識を行動にあらわすことができないからである。

さらに、たとえ完全な対応があるとしても、そのことが意識の説明にはならないだろう。なお、そのような対応はどのように働くのか、を知る必要もあるだろう。機能構成——純粋に形式的に、そしていかなる素材とも関係なしに特定される——はどのように感じ（feeling）を引き起こすのか。いずれにせよ、その考え方は全体として、われわれが脳科学から知ることすべてに逆行している。脳のプロセスが意識を引き起こすことを、われわれは〔そのような考え方とは〕独立に知っているのである。

4

思うに、機能主義あるいは属性二元論のどちらかに味方して言わねばならぬことはあまりないが、チャーマーズの本はその二つを結びつけようとするひどくばかげた帰結を示している。チャーマーズの名誉のために言っておくと、彼は自分の見解の論理的帰結をつきつめてはいる。まったく信じがたい帰結に至るときでさえそうしているのである。そのうちのいくつかを、信じがたさの程度の低い順に見てみよう。

1　一般に、心理学用語——「痛み」「信念」「希望」「恐怖」「欲求」など——には、二つのまったく別の意味、すなわち物質的存在者を指示する唯物論的で機能主義的な意味と、意識的存在者を指示する意識に基づく意味があるということがわかる。唯物論的な意味によれば、たとえば痛みを持つことは、私が先に記述した仕方で機能的に分析される。この定義では、痛みについて意識と関わるところは何もない。たんに機能構成に関する諸々の物理的なパターンがあるだけであり、その機能構成によってある種の入力刺激がある種の出力行動を引き起こしている。しかし「痛み」にはまた〔唯物論的な意味から〕まったく独立した別の意味もある。その場合、痛みはわれわれの内的感じ——現実に痛いと感じている意識的感覚——を指示している。チャーマーズによれば、唯物論的な意味において意識を備えていないゾンビは、不安、憂鬱、愛、恐怖と同様に、痛み、恐れ、欲求を持っている。彼、彼女、あるいはそれ〔ゾンビ〕は、意識を備えているドッペルゲンガーとまさに同じ物理主義的な意味で、これらの状態を持っているのである。ゾンビが絶対に何も感じない場合でさえそうである。彼、彼女、あるいはそれは、ただ意識に基づく意味においてこれらの感じを欠いているだけである。(5)

チャーマーズは、その二種類の現象が独立している事実を心配することはないと教えてくれる。なぜならば、現実の世界においてそれら二種類の現象は、先に言及したコヒーレンスの原則に従えば、ほとんどいつも一緒だからである。しかし、そのコヒーレンスはあまりわれわれの助けにはならないということがわかる。なぜならば――

2　今や意識は、世界で起こっている物理的なものごとすべてと説明の上では関連がないように思われるからである。特に人間の行動と説明の上では関連がないからである。意識は物理的世界の一部ではないという二元論にたいするチャーマーズの確信と、「物理的領域は因果的に閉じている」(p. 161. 邦訳 二〇七頁)という主張とを認めるならば、彼がこの結論をどうやって避けうるのかを理解することは容易ではない。いずれにせよ、チャーマーズが述べているのは、次のようなことである。「因果関係の形而上学がどんな結論にいたっても、意識の存在に頼ることも含意することもない行動にたいして物理的説明を与えうることは、比較的当たり前なように思える」(p. 177. 邦訳二二七頁)。そしてまた、「どんな因果的説明からも〔意識をともなう〕経験をコヒーレントに引き出すことができるというまさにその事実が、〔意識をともなう〕経験は……行動の説明では余分なものであることを意味する」(pp. 158-159. 邦訳 二〇四―二〇五頁)。物理的宇宙は因果的に自己充足している。物理的な出来事は物理的な説明のみを受けるし、意識は物理的ではない。ゆえに、意識は説明において何ら役割をはたさない。もしあなたが、自分は意識をともなう状態で空腹であったから食べたとか、自分は意識をともなう状態で将来の配偶者と愛しあっていたから結婚したとか、意識をともなう状態で痛みを感じたから火から自分の手をひっこめたとか、自分は意識をともなう状態で話題提供者に同意していなかったから会議で自分の意見を自由に話したとか考えるならば、あなたはすべての場合において間違っている。それぞれの場合において、その結果は物理的な出来事であり、それゆえに、全面的に物理的な説明がなされなければならない。意識は存在するけれども、あなたの行動やそのほかのことの説明において何の役割も果たさないのである。

事態はさらに悪化する——

3　あなたは、自分の意識についての自分自身の判断でさえ、自分の意識によって——全面的にであれ部分的にであれ——説明することはできない。ゆえに、たとえば、もしあなたが「私は今、痛い」とか、「私は今、意識がある」などとさえ言うとしても、あなたが痛がっているとか意識があるとかいう事実は、あなたが言っていることにたいして説明の上では全く関連がない。なぜなら、あなたの発語はそれ以外のものと同様に世界における物理的な出来事であり、物理的な原因によって全面的に説明されなければならないから。あなたのゾンビのドッペルゲンガー——まったく意識を欠いている——は、あなたが発語しているのと同じ文を、同じ理由からまさに発語している。実際のところ、次のように言うことができる。チャーマーズは自分の意識状態の還元不可能性を擁護する本を書いたが、彼の考えでは、彼の意識状態とそれらの状態の還元不可能性は、彼が本を書いていることと説明の上ではまったく関連がないことがありうるだろう。〔実際〕チャーマーズの意識状態とそれらの還元不可能性とは、説明の上では関連がない。なぜならチャーマーズが本を書くことは、それ以外のものと同様に物理的な出来事であり、したがって純粋に物理的な説明がなされねばならないからである。

なおいっそう悪化した状態が招かれる――

機能的状態について、意識を「生じさせる」という仕事をしているのは何か。チャーマーズが言うには、それは情報である。ただし、サンノゼ〔アメリカ西海岸、シリコンバレーの中心的都市〕への行き方についての情報を持っているといった、情報という語の通常の常識的な意味においてではなく、拡張された「情報理論」の意味においてであり、世界におけるあらゆる物理的な「差異を生む差異」(p. 281. 邦訳 三四六頁)という意味においてであるが。チャーマーズの情報についての考え方に従うと、雨が地面を打つことは「情報」を含んでいる。なぜならば、雨が地面に変化を生じさせているからである。しかしもし意識が、この拡張された意味における情報から生まれるとしたら――

4　意識はあらゆるところにある。サーモスタットは意識を備えているし、胃は意識を備えているし、私の脳内には私がまったく意識していない意識を備えたシステムがたくさんあり、銀河は意識を備えているし、いかなる石の内部にもさまざまな意識を備えたシステムがある……などとなる。その理由は、これらのシステムすべてが、チャーマーズの拡張された意味での「情報」を含んでいるからである。

このばかげた見方は、汎心論と呼ばれるものであるが、「情報」によって、すなわち、その語から余分なものがはぎ取られた厳密な意味での「情報」によって、意識を説明しようとする試みの直接的な帰結なのである。チャーマーズの本のなかのサーモスタットの意識的生活に関する節では、そしてその節には楽しげに「サーモスタットであるとはどんな感じか」という見出しがつけられているのだが、チャーマーズは、「確かに、サーモスタットになるのはそれほど面白いことではないだろう」(p. 293. 邦訳 三六〇頁) と教えてくれる。そして「たぶん、われわれはこれらの状態を、黒と白と灰色の経験へのアナロジーで考えることができるだろう」(p. 294. 邦訳 三六一頁) とも教えてくれる。こうしてチャーマーズは、明白な帰結、つまり、もしサーモスタットが意識を備えているなら、すべてものが意識を備えていることになるという帰結に直面する。

もしサーモスタットに結びつく経験があるのだとしたら、おそらく経験はい、た、る、と、こ、ろ、にある。すなわち、因果的な相互作用のあるところならどこでも情報があり、そして情報があるところならどこでも、経験がある。情報状態を、岩に見いだす――たとえば、膨張したり収縮するとき――こともできれば、電子のさまざまな状態にさえ見いだすことができる。したがって、もし無制限の二相原則が正しければ、岩もしくは電子に結びついた [意識的] 経験があるだろう。
(p. 297. 邦訳 三六五頁)

チャーマーズの名誉のためにいえば、彼は自分の見方の帰結を理解している。だが彼の名誉を損なうのは、チャーマーズがそれらの帰結がばかげたものだと理解できないことである。一般に、背、理、法による議論に直面するとき、チャーマーズはまさにばかげたことを受け入れる。それはまるで

2+2=7という結果が出てきて、「なるほど、ことによると二足す二は七になる」と言うようなものである。たとえば、私が先に言及した、ネッド・ブロックによる中国人民の議論についてのチャーマーズの説明を考察してみよう。ブロックは次のように機能主義に反対する議論を行なっている。もし機能主義が真であり、機能構成が心を持つことにとって十分であるならば、中国人民が全員で、心的状態に関わる何らかの機能的プログラムの諸々のステップを実行していると想像できるだろう。たとえば、一つのニューロンに一人の市民をあてると想像できるだろう。しかし、その人民が全体として、それによって、一つの心を構成するということはないだろうし、全体として意識を備えるということもないだろう。チャーマーズはこれにひるまず、弾丸を噛んで苦痛を耐え忍ぶ。そして、人民は全体として心を構成し、単一なものとして意識を備えていると言う。あちらこちらで弾丸を噛んで奇妙なことを耐え忍ぶのもひとつのやり方ではあるが、これでは弾薬庫を使い尽くしてしまう。

私はこれまでのところ、チャーマーズが明らかに身をゆだねているばかげたことだけを考察してきた。これらも十分ひどいものではあるが、チャーマーズが読者に、自分の議論が「思弁的形而上学の領域」(p. 302. 邦訳 三七〇頁)にまさに入ろうとしていると注意する箇所(それ以前の三〇〇頁とどこが違っているのだろうか)で、彼は完全に脱線している。ことによると、チャーマーズが教えてくれているのは、宇宙が全体として巨大コンピュータだということかもしれない。おそらく、世界は全体として「純粋な情報」(p. 303. 邦訳 三七二頁)からできており、その情報は究極的には

「現象的あるいは原-現象的」（p. 305. 邦訳 三七四頁）なのだろう。このことが意味するのは、ことによると世界は全体として本当にちっぽけなビット〔パソコンの情報単位〕の意識からできているということである。そのような見方は、「不思議なくらい美しい」（p. 303. 邦訳 三七二頁）とチャーマーズは保証してくれている。私個人としてはそんな風には思えず、むしろ奇妙に放縦なものに思えた。

5

これらのばかげたことに直面するとき、チャーマーズは二つの標準的な修辞的応答をする。第一に、チャーマーズは、脳、つまりはわれわれの頭蓋骨のなかにある灰色の物質のかたまり〔灰白質〕が、意識を備えることができると想定するのも同じくらい信じがたいと主張する。「この灰色の物質の大きなかたまり〔灰白質〕が、生き生きとした主観的経験を生むことができるようなものだと、いったい誰が考えただろうか」（p. 251. 邦訳 三一二頁）。しかしもし、物質である脳にできるのに、なぜサーモスタットやそれ以外のものではだめなのか。第二に、チャーマーズは、議論の責任を他人に転嫁しようとする。われわれの方がチャーマーズに、なぜサーモスタットが意識を備えていないのかを教えるべきだと言うのである。

サーモスタットが〔意識をともなう〕経験を持てるという想定を「気が変である」と思う者は、少なくともいったいなぜそれが気が変であるのかについてわれわれに説明する義務がある。たぶんこれは、明らかに経験に必要でありながらサーモスタットには欠けている属性があるからだろう。しかし私に言わせれば、そのような属性はどれひとつとして、それが明らかであることを自ら示してはいない。おそらく、サーモスタットには欠けていてもネズミには備わっている処理における決定的な構成要素があるか、ネズミには欠けていて人間には備わっている構成要素があるのだろう。しかし私には、経験に明白に必要とされるような構成要素がまったくわからないし、実際、そういった構成要素が存在しなければならないということは明らかではない。(p. 295. 邦訳 三六二―三六三頁)

これらそれぞれの問いにたいする答えを、簡潔に述べることができる。しかし、より深刻な問いは、なぜそれらの答えをチャーマーズが思いつかなかったかということである。第一に、生物学のナマの事実に関わる場合、もっともらしさについての議論は関係がない。脳が意識を引き起こすことは、まさに自然についてのありのままの事実である。私にはそのことに信じがたいところがあるとはまったく思われない。なぜなら私はそのことが起こるということを、いかなる哲学的な議論からも独立に知っているからである。もしそのこと〔脳が意識を引き起こすということ〕が生物学をよく知らない者にとってまだ信じがたいように思われるならば、サーモスタットやそれ以外のもの

〔が意識を引き起こすということ〕に関してはいっそう信じがたいだろう。しかし第二に、われわれは、脳がかなり特定はされているがまだ不完全にしか理解されていない神経生物学的な構造や機能によって、意識を引き起こしているということを知っている。今や、脳が意識を引き起こすという事実から次のことが導かれる。すなわち、脳以外で意識を引き起こすことができるものは、人間や動物の脳が意識を産み出すことにたいして持っている最小限の力と少なくとも同じくらいの、適切な因果的効力を持っていなければならないだろうということである。脳が意識を引き起こす方法の詳細はわからないが、脳がわれわれに意識の閾値を越えさせる何らかの力を持つことはわかっている。〔意識を備えることに〕成功した人工物はどのようなものであれ、十分な因果的効力を所有していなければならない。

この要点は、われわれが自然について知っていることから導かれる、自明な論理的帰結である。それはちょうど次のように言うことに似ている――もしあなたが、私のガソリン・エンジンと同じくらい速く走らせることができるディーゼル・エンジンを作りたければ、あなたのエンジンには少なくとも同等の出力がなければならないだろう。何らかのほかの媒体――たとえばシリコン・チップ、真空管――を使用して人工脳を作れるかもしれないが、その媒体が何であれ、意識を引き起こすことができる脳の閾値は少なくとも同じでなければならない。さて、このことをふまえると、サーモスタットについてどのように考えるべきだと思われるだろうか。サーモスタットが意識を備えうると想定することは自己矛盾ではないし、論理的にばかげているわけでもない。しかし、生物学にまともに取り組む者にとって、それはまったく問題外である。意識という主観的状態がどのように引き起こされているのかを理解しようとサーモスタットを分解するとき、どんな特性を探すべきだと考えているのか。私の壁にかかっているサーモスタットは、意識を備えているものの望み薄な候補としてでも十分な構造を持っていない。

しかしさらに悪いことに、ある集合としてのサーモスタットについては、探すべきものが何もない。なぜなら、「サーモスタット」は、あるタイプの物理的対象を名指しているわけではないからである。温度変化に反応し、特定の温度で何らかのほかの仕組みを活動させることができる仕組みであればどんなものでも、サーモスタットとして使用できるし、どんな種類のものでもそうできる。私のサーモスタットはバイメタル式のものであるが、回路を完成させるために水銀の膨張を利用するサーモスタットを得ることもできる。あるいは、そのことに関していえば、誰かにサーモスタットを見に行かせ、サーモスタットがある温度に達したとき炉のスイッチをつけたり消したりさせることもできる。これらのシステムはみな、「サーモスタット」と呼ばれるだろうが、それらのシステムがしていることは、脳が持つ因果的効力を達成するための候補にはとてもなりえない。そして、人間の脳を含むシステムを除けば、それらのシステムの各々に共通しているのはただ次のこと、すなわち、意識を引き起こすことで脳がしているのと同じことをそれがしているという神経生物学的に途方もない示唆である。

6

何が間違っているのか。チャーマーズは、その驚くべき結果を、意識とその還元不可能性にまともに取り組むことから論理的に帰結すると考えている。私は、これらの結果は、意識にまともに取り組むことそれ自体からではなく、特異な形式の還元不可能性のテーゼ――属性二元論――と、心に関する現代の機能主義的、計算主義的説明――心的機能と情報処理とを同一視する説明――とを結び付けることから導かれると考えている。われわれがあらゆる形式の機能主義を放棄し、さらに、歴史的に機能主義へといたった、二元論、一元論などの伝統的な形而上学的カテゴリーも放棄するとしよう。もしこれらの間違いをともに取り除けば、チャーマーズのばかげた結果を受け入れることなしに、意識にまともに取り組むことができる。具体的に言うと――

1　「信念」「欲求」「痛み」「愛」のような心理学用語には二つの定義――意識状態を指示する定義と物質的状態を指示する定義――があるわけではない。むしろ、そもそも意識を備えることを可能にするシステムだけが心理学を持つことができる。人には多くの無意識的な心的状態、たとえば無意識的な信念や欲求があるが、われわれがこれらを心的状態として理解するのは、それらを潜在的に意識的なもの――抑圧や脳の損傷のために、あるいはおそらくただ眠りに落ちたせいで、意識的であり得たかもしれないのに〔現実には〕意識的でないようなもの――として理解しているからである。

2　意識が「説明として不適切」、すなわち、意識が行動を説明するうえで役割を果たしていないというわけではない。自然はひょっとするとそうなっていると判明するかもしれないが、それはほとんどありそうにない。利用できる証拠にもとづくと、意識は、物理的システムのほかの高次な特性——たとえば私の自動車のエンジンのピストンの硬度のようなもの——が典型的であるような仕方で、行動の説明にとって決定的なものである。意識と硬度はともに、低次の微小要素に依存しているが、両方とも因果的に効果を生じる。あなたはバター製のピストンを備えた自動車のエンジンをかけることはできないし、意識がなくては本を書くことはできない。

3　意識が人間の行動にとって本質的であるということをひとたび受け入れると、なおさら、意識それ自体の表象が関わる場所が本質的になる。痛いという私の判断は、私が痛みの状態にあることによって説明される。自分に意識があるという私の判断は、私に意識があることによって説明される。そして、チャーマーズが意識に関する本を書いていることの説明は、彼が意識的に伝えたかった、意識に関する意識的確信を持っていたというものになる。

4　汎心論——宇宙にあるすべてのものが意識を備えているという見方——を採用するわずかばかりの理由もない。意識は何よりも生物学的現象であり、胆汁の分泌や炭水化物の消化と同じくらい、その生物学に制約されている。チャーマーズの本のばかげた結果のなかでも、汎心論は最もばかげたものであり、これは、汎心論を含んでいるテーゼには何か根本的な誤りがあることのしるしである。

7

本のなかには、問題を解決しているとか、解決を示唆する仕方で問題に対処しているからではなく、その時代の混乱を表わしているために重要なものもある。チャーマーズの『意識する心』は、心の哲学における大いなる前進として歓迎されている。その本は、トゥーソン〔アメリカ南西部に位置するアリゾナ州の都市〕で最近開催された意識に関する会議に出席した何百人もの学者たちの間で大いに議論されたし、『タイム』誌で何ページも引用されているし、そしてその本のカバーにはさまざまな有名な哲学者からの賛辞が載せられている。しかしもし私が正しく理解しているとしたら、その本にはたくさんの混乱がある。何が起こっているのか。これらの混乱は、われわれに特有な知的歴史を考慮することでのみ理解されうる。心に関するかぎり、われわれは時代遅れのデカルトの語彙を受け継いでおり、そのような語彙とともに、「二元論」「一元論」「唯物論」を含むさまざまなカテゴリーの集合やそれ以外のすべてのものを受け継いでいる。もしあなたがこれらのカテゴリーにまともに取り組むならば、もしわれわれの問いがこれらの用語で問われ答えられねばならないと考えるならば、そして、もし現代科学も受け入れるならば〔選択の余地があるだろうか〕、あなたは最終的に何らかのヴァージョンの唯物論を〔採用することを〕余儀なくされると私は思う。

しかし、伝統的な形式の唯物論は、多かれ少なかれ偽であることが明白であるし、とりわけ意識を説明することには失敗している。だから最終的にあなたは、機能主義あるいは計算主義——脳はコンピュータであり、心はコンピュータ・プログラムである——の側へと後退することを余儀なくされるだろう。私が考えるに、この見方も偽であるし、意識については明白に偽である。どうすべきか。最近まで、これらの問題に関心があるたいていの人々は、意識について考えないようにするか、意識の存在を否定するかのいずれかに努めてきた。今日、そうすることはそれほど容易ではない。チャーマーズはただ次のことだけを提案している。すなわち、あなたは自分の機能主義を維持することはできるが、その機能主義に属性二元論を加えるべきである、と。その結果は、私の考えでは、一つの偽である教説を二つの偽である教説と交換することでしかない。チャーマーズはその〔機能主義と属性二元論という〕組合わせに関する背理法を提供しているのだと、私は思っている。

　正しいアプローチ——認知科学において、われわれはそのアプローチに向かって依然として暗中模索しているだけだが——は、時代遅れのデカルトのカテゴリーについては忘れ、脳がそれ以外のものと同様に生物学的器官であり、意識が消化や光合成と同じく生物学的プロセスであるということを忘れないようにすることである。

補論　デイヴィッド・チャーマーズとの往復書簡

『ニューヨーク・レヴュー・オヴ・ブックス』誌上でこの章〔第六章〕を発表した後、デイヴィッド・チャーマーズと私は、以下の書簡を往復した。

デイヴィッド・チャーマーズからの書簡

『意識する心』において私は、ジョン・サールが「明白である」と考える多くの主張を否定し、サールが「ばかげている」と考えるいくつかの主張をしている。しかしもし心身問題に何か学ぶところがあったとするならば、それは、意識に関して明白なものなど何もないということと、ある人にとって明白に真であることが別の人にとってはばかげたものだということである。だからこの種の言葉を弄するかわりに、主張それ自体と私がそれらの主張のために行なっている議論を吟味することが最善である。そしてそれは、サールがそれらに関して中身のあることを言っているかどうかを理解するためでもある。

第一の問題は、意識は世界の物理的な特性ではないという私の主張である。私は長い間その主張に抵抗してきたが、健全な議論によってこの主張を受け入れざるをえないと結論づけるに至った。その議論は複雑ではあるが、基本的な考え方は単純である。すなわち、世界の物理的な構造――時空における粒子、場、そして力の精確な分布――は、意識の不在と論理的に整合するという考え方である。それゆえ、意識の存在は、われわれの世界についてのさらなる事実となる。サールは、この議論が「妥当ではない」と述べている。サールの示唆によれば、世界の物理的構造は、〔そこに〕空飛ぶブタを付け加えても同様に整合的なままであるが、だからといって飛ぶことが物理的でないことにはならない。

ここでサールは二つの初歩的な誤りを犯している。第一に、サールは議論の形式を誤って捉えている。飛ぶことが物理的でないことを示すためには、世界の物理的構造が飛ぶことの不在と整合的であるのを示す必要があるだろう。世界に空飛ぶブタを付け加えることができるという事実からは、何も導かれない。第二に、サールが記述しているシナリオは、整合的でない。空飛ぶブタのいる世界には、たとえば地表の数メートル上に浮かんでいる余分な物質がたくさんあるだろう。だから、たぶんその世界はわれわれの世界と同じ物理的構造ではありえない。これらの点をまとめて述べると次のようになる。飛ぶことを除いて、ブタを除いて、あるいは岩を除いて、われわれの世界と物理的に同一である世界という考え方は、自己矛盾である。しかしサール自身も認めているように、意識〔が存在すること〕を除いてわれわれの世界と物理的に同一である世界という考え方には矛盾はない。

基礎をなしている論点は、ブタ――そしてその世界に関わるブタ以外のほとんどすべてのもの――は、論理的にその世界の物理的構造から引き出すことができるが、意識の存在はそうではないということである。それは、脳がなぜ、そしてどうやって意識を支えているのかを説明するためには、脳だけの説明では十分ではないからだ。その隔たりに橋を渡すためには、〔脳とは〕独立した「架橋」の法則を付け加える必要がある。意識に関する強硬路線のデフレ主義を採用することによってのみ、この結論に抵抗することができる。その道にも問題はあるが、とにかくサールにはその道は開かれていない。というのもサールは、意識が還元できないという主張を採用しているからである。還元不可能性にはその帰結がある。整合性のためには、それらの帰結に直接向かい合うことが求められる。

次の問題は、私の非還元的機能主義である。この架橋の法則が主張しているのは、同じ機能構成をともなうシステムは、同じ種類の意識をともなう経験を持つということである。この主張のために私は詳細な議論を展開しているが、サールが私の議論として提示し論駁しているありふれた議論のなかには、それが確認できない。基本的な考え方――私の本の第七章で提示されているがサールには無視されている――は、もしその主張が偽であるならば、意識をともなう経験に、主体が決して気づかない大量の変化が存在することが可能だというものである（サール自身の立場は、私の本の p. 258〔邦訳 三一九―三二〇頁〕で論駁されている）。サールはまたギラン・バレー症候群の患者を私の主張への反例として持ちだしているが、これもまた論理的に誤った答えである。私の主張は、機能的に同一な存在に関するものなので、異なる機能をもつ人々については関係がない。もちろん私は、われわれとは異なる機能をもつ存在が、意識を備えていないとは主張していない。

最後の問題は、汎心論、つまり、程度の差はあれ意識が、自然界におけるあらゆるシステムに結びついているという主張である。ここでサールは私の見方について間違った述べ方をしている。サールは、私がこの立場をたんに調べているだけで不可知論者のままであるのに、その立場に「明示的に〔身を〕ゆだねて」いると述べている。そしてサールは不正確にも、この立場が、属性二元論と非還元的機能主義との一つの含意だと述べている。〔しかし〕まったく整合的なやり方で、それらの見方を採りつつ汎心論を拒否することができる。だから後者〔汎心論〕は、たぶん前者〔属性二元論と非還元的機能主義〕の「背理法」として機能しえない。私が「不思議なくらい美しい」ものとして記述し、サールが「奇妙に放縦」なものとして記述している見解を、私が拒否していることにも言及しておく。

私はまさに、汎心論がしばしば想定されるほど不合理ではないことと、汎心論をやっつける議論などないことを論じているのである。サールは後者の主張を確かめる手助けをしてくれている。すなわち、「ばかげたこと」に抗議しながらも、サールが汎心論に反対して行なっている議論には中身がないのである。サールは、意識を備えるためには、システムは正しい「因果的効力」――それは結局、意識を産み出す力であるとわかる――を持たなければならないと宣言している。それは正しいが、ありふれていて、まったく助けにならない。そしてサールは、単純なシステム（サーモスタットのようなが意識のために要請される「構造」を持たないと述べている。しかしこれがまさに問題となっている主張であり、サールはその主張を支持するための議論をいっさい提供していない（もしどんな種類の構造が意識のために要請されるのかを知っていたならば、心身問題は半分解決されたことになるだろう）。だから、われわれは出発したところに放置されている。汎心論は反直観的なままであるが、それを探究の始めから除外することはできない。

中身がある議論をしているところでは、サールは感情的な反応を返す。サールは、私が論じている見解に同意しないときはいつも、その見解を「ばかげている」と言う。汎心論の場合（私が是認しない見解）は、多くの人も〔ばかげているということに〕同意するかもしれない。ほかの場合には、その語〔「ばかげている」〕には価値がない。たとえば、「知覚」のような心的な用語が、プロセスと主観的経験の狭間であいまいなことに驚きはない。そして相互作用する一兆個のニューロンが結果として意識を生じさせることが可能であるとするならば、相互作用する一兆個のシリコン・チップや一兆人の人間が同じことをするかもしれないと考えることに特別ばかげたところはない。意識を呼び起こさないあるいは意識をともなわない仕方で、行動について脳に基づく説明をすることが可能であるのを受け入れる際（だが意識が因果的に意味がないと言うのではない）、私はまさに弾丸を噛んで苦痛を耐え忍んでいる。しかし、還元不可能性に関するサール自身の見方からは――もしサールがこの見方が含意しているものを引き出せさえすればだが――彼はこの見方に同意することになるだろう。

ひとたび、間違い、不正確な表現、そして感情を取り除くならば、われわれに残されているのはたんにサールの「脳が意識を引き起こす」という万能の批判である。この呪文(少なくとも十回は繰り返されている)は、明らかに大いなる知恵の源たることを意図されているが、問題をほとんど何も解決していない。その呪文は私の見解すべてとまったく両立可能である。われわれはただ原因を結果と区別し、その呪文が、脳だけが意識を引き起こすことを意味しない点に注意する必要がある。実際、サールの主張はたんに問題の言明なのであり、解決策ではない。もしそのことを受け入れるならば、本当の問いは次のものになる。なぜ脳は意識を引き起こすのか。脳のどの属性によってか。関連のある因果法則は何か。サールはこれらの問いについて何も言わない。本当の答えは、理論を要求する。その理論は脳についての理論であるだけでなく、脳と意識とを橋渡しする法則についての詳細な理論でもある。このプロジェクト——私が自分の本で開始しているプロジェクト——を完遂することなしには、意識についてのわれわれの理解は、つねに原初的なレベルにとどまるだろう(サールへのさらなる意見と応答は、http://ling.ucsc.edu/~chalmers/nyrb/ にある〔二〇一三年十月十日時点では利用不可能。ただし、同じ時点で、チャーマーズのホームページ http://consc.net/chalmers/ 上に、サールへの第二の応答 http://consc.net/books/searle-response2.html として掲載されている〕)。

ジョン・サールの返答

デイヴィッド・チャーマーズが彼の『意識する心』にたいする私の書評に応答してくれたことに感謝している。そして、チャーマーズが行なっている中身のある指摘すべてに答えようと思う。私は書評において、チャーマーズが属性二元論と機能主義とを組み合わせることで、いくつかの「信じがたい」帰結へと至ったと指摘した。私は、チャーマーズが考えているように、彼が属性二元論と機能主義とを組み合わせて受け入れたことによりこれらの帰結が論理的に含意されると主張したのではない。むしろ、チャーマーズが自分の立場の詳細を苦心して詰めるときに、これらの見方〔信じがたい帰結〕が現われてくると述べたのである。属性二元論とは、世界には形而上学的に異なる二種類の属性、すなわち、心的属性と物理的属性の二つが存在するという見方である。機能主義とは、ある「システム」の心的状態が、それが人間のものであれ、機械のものであれ、それ以外のものであれ、そのシステムの物理的状態へと帰着するという見方である。そして、機能的状態は因果関係の集合によって定義される。

私が受け入れられないと思ったチャーマーズによる四つの主張は以下のものである。

1　チャーマーズは、「痛み」「信念」などの心理学用語それぞれが、二つの完全に独立した意味を持つと考えている。意識を備えていない機能的プロセスを指示する場合の意味と、意識に関する状態を指示する場合の意味である。

2　意識は説明の上では、世界で起こっている物理的な何ものとも関連がない。もしあなたがこれを読んでいるのは、自分が意識的にそれを読もうとしているからだと考えるならば、チャーマーズはあなたが間違っていると言っている。物理的な出来事は、物理的な説明のみを持つことができる。だから意識は、あなたやほかの誰の行動においてもどんな説明上の役割も果たさない。

3　あなた自身の意識に関するあなた自身の説明でさえ、意識によっては説明されない。もしあなたが、自分が痛い時に「痛い」と言っても、あなたがそう言ったのは、あなたが痛いからではありえない。

4　意識はどこにでもある。宇宙におけるあらゆるものが意識を備えている。

この見方は「汎心論」と呼ばれており、私が「ばかげた」ものとして特徴づけた見方である。

さて、チャーマーズはこれらの点について自分の応答において何を言わなければならないのか。チャーマーズは、これらの見解への私の反対が、議論なしのたんなる「感情的な反応」であると述べている。ところが、私は自分の議論を明晰にしようとしたし、これほど信じがたい見解に関してはとにかく挙証責任はチャーマーズの側にあると思う。しかし、私の立場をできるかぎり明晰にするために、私の議論を正確に述べさせてもらうことにしよう。

1　母語が英語の者として、私はこれらの語（「痛み」「信念」など）が何を意味するのかを知っている。たとえば、世界におけるあらゆる意識をともなった痛みに対して、それと相関する非意識的な機能的状態（これも「痛み」と呼ばれる）が存在しなければならない場合、「痛み」という語には意味がない。標準的な辞書による定義では、「痛み」は不快な感覚を意味し、その定義は、私の同僚の英語話者の使い方と同様に私の使い方とも一致する。〔しかし〕チャーマーズはそうではないと考えている。チャーマーズの主張を証明する責任は、間違いなくチャーマーズの側にある。

2　人間の心理がどのように働くのかについていくらかでも知っているならば、意識をともなった欲求、嗜好、好みなどが人間の行動に影響を及ぼすことがわかる。たとえば、私がしばしば飲み物を飲むのは、のどが渇いているからである。もしあなたが、チャーマーズのように、この事実と整合的でない哲学的な結果に至るならば、自分の前提へと立ち戻り、その前提を吟味したほうがよい。もちろん、このことに関してわれわれが間違っていたことを科学が示すかもしれないとも考えられる。しかし、そうなるには大きな科学革命を必要とするし、そのような革命はチャーマーズが従事している安楽椅子での理論化〔部屋から出ることなく事件をすべて推理し解決してしまう安楽椅子探偵のもじり〕によってはなされえないだろう。

3　私自身の場合、痛いときには、ときに「痛い」と言う。それはまさに痛いからである。私は三つのこと――痛み、私による痛みの報告、私が痛いという理由による私の痛みの報告――すべてを経験している。これらはまさに私自身の経験についての事実である。私はほかの人々の経験が私のものとそれほど異なっているわけではないと思っている。これらの明白な事実に、チャーマーズはどんな種類の議論を加えたいのか。再度言っておくが、あなたがこのことを否定する結果に至るならば、自分の前提へと立ち戻り、自分の前提を見つめ直したほうがよい。チャーマーズの結論は、彼が考えているような素晴らしい発見としてではなく、むしろそれぞれが彼の前提にとっての背理法として理解するのが最善である。

4　汎心論――岩にも、サーモスタットにも、そして電子にも意識がある（これらはチャーマーズによる例である）、実際にどこにでも意識があるというチャーマーズの見解――についてはどうだろうか。私には、チャーマーズがこの見解の反論として何を期待しているのかがはっきりしない。言えることはただ一つ、われわれは世界がどのように動いているのかを知りすぎていて、この見解をまともな科学的仮説として見なすことができないということである。チャーマーズは、われわれが何を知っているのかを私に教えてもらいたいのだろうか。おそらくそうなのだろう。

われわれは、人間といくつかの動物の脳が意識を備えているということを知っている。ある種の神経系を備えている生きたシステムが、われわれが事実として知っている、世界において意識を備えている唯一のシステムである。これらのシステムにおける意識が、きわめて特定的な神経生物学的プロセスにより引き起こされることも知っている。脳がそのようなプロセスをどのようにして行なっているのかについての詳細はわからないが、たとえば、もしあなたがある方法――たとえば全身麻酔薬、あるいは頭に一撃を加えること――でそのプロセスに干渉するならば、患者が意識をともなわなくなることや、もし脳のプロセスのいくつかを再開させるならば、患者が意識を取り戻すことはわかっている。そのプロセスは因果的プロセスである。それらが意識を引き起こすのである。さて、世界が現実にどのように動いているのかにまともな関心がある者にとって、サーモスタット、岩、電子は少しでもこれらのプロセスに似た何かを持つものの候補、あるいは、神経生物学の特定の特性と同等の因果的効力を持つことができる何らかのプロセスを持つものの候補でさえない。もちろん、空想科学的なファンタジーとして、われわれは意識を備えたサーモスタットを想像することはできるが、空想科学は科学ではない。そして哲学でもない。

チャーマーズの書簡のなかで最も驚かされたことは、彼が汎心論を「是認して」おらず、汎心論については「不可知論者」であるという主張である。ところが、チャーマーズは、その本で汎心論を支持するための広範な議論とその擁護を提示している。彼は実際に次のように述べている。第一に、彼は、「意識は機能構成から生まれる」(p. 249. 邦訳 三〇九頁)と教えてくれる。では、機能構成についてその仕事をしているのは何であろうか。それは、チャーマーズが教えてくれるところによれば、彼による特殊な意味での「情報」である。そしてその語のチャーマーズの特殊な意味に従うと、世界のあらゆるものはそのなかに情報を持っている。「われわれは、情報には(現実の世界で)物理的側面と現象的側面の二つの側面があるという基本原則の形を取って、これを表明できるかもしれない」(p. 286. 邦訳 三五二頁)。チャーマーズが最も不可知論に近づいているのは次のところである――「私には、情報が物理的プロセスと意識をともなう経験を結ぶ鍵になることを証明する有無を言わさぬ論拠はない」。しかし、彼は即座に次のように続ける。「しかし、この考え方を間接的に支える方法はある」。そのあとで、チャーマーズは二相原則を支持するいくつかの議論を行なっている(p. 287. 邦訳 三五三頁)。彼は汎心論を証明してはいない。しかし、汎心論は、チャーマーズが考えるには、十分な支持を得ている仮説である。チャーマーズの意味での情報はあらゆるところにある以上、意識はあらゆるところにある。チャーマーズの前提をひとまとめにすると、汎心論が暗に示されることになる。もしチャーマーズが、機能構成が意識をもたらすこと、機能構成は情報によってそうすること、情報を持つものは何であれ意識を備えているだろうこと、そしてあらゆるものが情報を持つこと——これらのことを主張するならば、チャーマーズは、私が知るいかなる論理によっても、あらゆるものが意識を備えているという見解を支持する議論をしていることになる。

そしてもしチャーマーズが汎心論を支持していないならば、なぜ彼はある章の一節まるごとを「サーモスタットであるとはどんな感じか」——そこで彼はサーモスタットの意識的生活を記述している——に充てているのか。

少なくともその節の一部は、まるごと引用する価値がある。

> 確かに、サーモスタットになるのはそれほど面白いことではないだろう。情報処理はとても単純だから、それに対応する現象的状態も同じくらい単純だと予想すべきである。三つの根本的に異なる現象的状態があって、それ以上何の構造もないだろう。たぶん、われわれはこれらの

状態を、黒と白と灰色の経験とのアナロジーで考えることができるだろう。サーモスタットは、黒しかない現象的な場か、白しかない場か、あるいは灰色しかない場を持つことができる。だが、これでもまだ、視野に次元があることや黒、白、灰色の比較的豊かな性質をほのめかしたりしていて、サーモスタットの経験にしてはあまりに多くの構造を帰属させすぎている。本当はもっと単純な何か、われわれの経験には類似したものがない何かを想像しなくてはならない。われわれには、こうした経験を共感をもって想像することはできそうにない。それは、盲人が視界を想像できなかったり、あるいはコウモリであるとはどんな感じかを想像できないのと少しも変わらない。しかし、われわれは少なくとも、それらの基本構造に関する何かを知的に知ることはできる。(pp. 293-294. 邦訳 三六〇―三六一頁)

チャーマーズは、それから、われわれにサーモスタットを正しく評価する能力がないことと、われわれに動物の意識を理解することが困難であることを比較することで、サーモスタットの意識的生活をよりもっともらしいものにする試みを続けている。そしてその二ページ後で、「しかし実は、サーモスタットと脳には何の違いもない」(p. 296. 邦訳 三六三頁)と付け加える。

チャーマーズによる動物の意識とサーモスタットの意識とのアナロジーからわれわれはどういう判断ができるだろう。私は、そのような散文を書く者は誰も神経生物学の結果をまともに受け入れることはできないと思う。とにかく、そのような者たちは、サーモスタットが意識を備えているかどうかについて「不可知論者」であるという態度を示してはいない。そしてチャーマーズによれば、もしサーモスタットが意識を備えているならば、あらゆるものが意識を備えていることになる。チャーマーズは純粋に、宇宙全体がちっぽけなビットの意識からできているという見解については不可知論者である。チャーマーズはこのことを、まともに取り組むべき「不思議なくらい美しい」可能性として提起している。今では彼は、それは自分が「拒否している」見方であると言う。彼は『意識する心』ではそれを拒否してはいなかったのだが。

チャーマーズのこの本の全体的な戦略は、いくつかの基本的な前提、最も重要なのは、属性二元論と機能主義とを提示し、それから私が述べた帰結を引き出すことである。チャーマーズがそのようなばかげた帰結を手にするとき、彼は、それらの帰結が前提から導かれるがゆえに真であるに違いないと考えている。私が提案しているのは、チャーマーズの結論はその前提に疑問を投げかけるものであり、十分には確立されていないということである。それゆえ、チャーマーズにとって最も重要な二つの前提、「属性二元論」と「非還元的機能主義」——チャーマーズが書簡のなかでも言及している二つの前提——へ戻って、それらを見つめ直すことにしよう。

チャーマーズは、属性二元論を支持する議論において、われわれの世界と同じ物理的特性を持った——しかしそこから意識を引いた——世界を想像できると正しく述べている。まったくそうである。しかし、そのような世界を想像するためには、自然法則に変化、すなわち、それによって物理学と生物学とが意識を引き起こし実現するような法則における変化があると想像しなければならない。もっとも、私が論じたように、もし自然法則をいじりまわすことが許されるならば、空飛ぶブタについても同じことができるだろう。もし私に自然法則における変化を想像することが許されるならば、私には、ブタが空を飛ぶことができるほど変化させられた自然法則を想像できる。チャーマーズは再度正しく、今やブタが空に浮かんでいるのだから、そのことは物理的特性の分布の変化を伴うだろうと指摘している。しかしそれにたいする私の答えは、私は〔書評においては〕明らかにできなかったが、もし意識が脳の物理的特性であるならば、意識が欠けていることもまた世界の物理的特性の変化であるだろうというものである。すなわち、チャーマーズの議論が、属性二元論を確立するために上手くいくのは、意識が物理的特性ではないときに限るのである。しかし、そのこと〔意識が物理的特性でないということ〕は、その議論が証明すると想定されているところのものである。法則を含む自然の事実から、この脳が意識を備えていなければならないということを論理的に引き出すことができる。法則を含む自然の事実から、このブタが空を飛ぶことはできないことを引き出すことができる。その二つの事例は対応している。本当の違いは、意識が還元できないということである。しかし還元不可能性それ自体は、属性二元論の証拠ではない。

さて、「非還元的機能主義」を支持するためにチャーマーズが行なった議論にとりかかることにしよう。その議論は、同じ非意識的な機能構成を持つシステムは同じ種類の意識的経験を持たねばならないというものである。しかし、チャーマーズが彼の本のなかでこのことを支持するために行ない、応答のなかで繰り返している議論は、論点先取をしている。以下は、チャーマーズがそのことを要約した手順である。

意識をともなう経験と機能構成とが完全に対応することがないならば、ある者の意識をともなう経験において、そのような経験をしている主体が決して気づかないだろう大量の変化が存在する可能性がある。しかしこの最後の言明において、「気づく」(notice) という語は、意識をともなう意味での「気づく」としては使用されていない。その語が指示しているのは、非意識的な機能構成における気づくという行動である。チャーマーズにとってこれらの語がすべて二つの意味――一つは意識をともなうものであり、もう一つは非意識的な機能構成である――を持つということを思い出してほしい。したがって、この議論は、次のことを想定することによって論点先取をしている。つまり、あるひとの意識における根本的な変化――そのひとが意識をともなって気づいていることも含まれる――と、気づくという行動を産み出す非意識的な機能構成における変化が対応していなければならないということである。しかし、それこそがまさに問題になっているポイントである。その議論が示さねばならないのは、もしその議論が上手くいくとして、行為者の内的経験が、その行為者の外的行動およびその行動が一部をなしている「機能構成」と完全に対応していなければならないということである。しかしチャーマーズはこれを支持する議論をしていない。唯一の議論は論点先取をしている。そのような対応が存在しなければならないのは、そうでなければその対応の外的な気づきの部分と内的経験とが対応しえないだろうからである。チャーマーズは、意識を備えているが誤った機能構成を持つギラン・バレー症候群の患者が議論と関係ないのは、それらの患者が

「異なって機能している」からであると、間違って述べている。しかし何と異なっているのか。それらの患者は物理的行動に関するかぎり、完全に無意識である人々とまったく同じように機能している。したがって、チャーマーズの定義では、それらの患者は、たとえ完璧に意識を備えているとしても、無意識である人々とまったく同じ「機能構成」を持っている。チャーマーズにとっての「機能構成」がつねに意識を備えていないことを思い出してほしい。ギラン・バレー症候群の患者は、同じ機能構成を持っているが、異なる意識を備えているのである。それゆえに、機能構成と意識との間に完璧な対応は存在しない。証明終了。

チャーマーズは、私がしばしば彼に、脳が意識を引き起こすこと――彼が「呪文」と呼ぶ主張――を思い出させようとしているという事実に憤慨している。しかし、私は彼がその主張の意義を十分に評価しているとは思えない。意識は、消化や光合成と同様、何よりも生物学的現象である。このことは、いかなる哲学的説明によっても尊重されなければならない自然の事実なのである。もちろん、原理的には、非生物学的な素材から意識を備えたコンピュータをつくりだせるだろう。もしわれわれが、血液を送り出す人工心臓を作ることができるならば、いったいどうして意識を引き起こす人工脳が作れないのか。しかし、意識を理解し、意識を人工的につくりだすというプロジェクトにおける本質的なステップは、脳が実生活における特定の生物学的プロセスとしてどのように意識を引き起こしているのかを詳細に理解することである。ひとまず、少なくとも、その答えは、「シナプス」「ペプチド」「イオン・チャネル」「四〇ヘルツ」「神経地図」などによって与えられなければならないだろう。なぜならば、それらは、われわれが研究している実在の仕組みに関する実在の特性だからである。のちになれば、われわれが生物学を放棄するのを許容するより一般的な原則が発見されるかもしれないが。

しかし、これこそが要点なのだが、意識を説明するためのチャーマーズによる候補――「機能構成」と「情報」――には成功の見込みがない。なぜなら、チャーマーズがそれらを用いるとき、そこには因果的な説明力がないからである。それらは、あなたが機能と情報とを特定する程度に応じて、観察者や解釈者にたいして相対的に存在するにすぎない。何かがサーモスタットであるのは、それを解釈し、そのようなものとして使用できる者にたいしてだけである。樹木の年輪が樹齢についての情報であるのは、それらを解釈することができる者にたいしてだけである。もし観察者や解釈者を取り除くならば、その観念は空虚になる。なぜならば、今やすべてのものがそのなかに情報を持つからであり、すべてのものがある種の「機能構成」といったものを持つからである。問題は、チャーマーズが、脳が意識を引き起こす特定の仕組みを、「機能構成」と「情報」で説明できると想定する理由を与え損ねていることではなく、むしろチャーマーズにはそのようなことがそもそもできないだろうということにある。チャーマーズが「機能構成」や「情報」を用いるとき、これらは空虚な専門的流行語である。その精巧さにもかかわらず、チャーマーズの本は実際に、脳がどのように意識を引き起こすのかを理解するプロジェクトの助けにならないだろう。

第七章　イズリアル・ローゼンフィールド、身体イメージ、自己

私はこれまで、主に意識に関するきわめて一般的な理論について議論してきた。「どのようにして脳はそれを行なうのか」というのが、クリック、ペンローズ、エーデルマンが尋ねていた問いである。デネットは、意識感覚（sentience）や気づきといった主観的状態の意味における意識が存在することを否定したが、彼は依然として、行動を制御する脳の能力についての一般的な説明を探し求めている。チャーマーズは、「情報」という、脳とは何ら特別な結びつきのないものに、意識の根拠を置こうと試みている。イズリアル・ローゼンフィールド〔アメリカの脳神経学者。一九三九―〕は、『奇妙で、よく知られた、忘れられたもの』[1]において、他の論者たちのいずれとも異なるアプローチを行なっているが、これは注目に値するアプローチである。

外見上、ローゼンフィールドの著書は主に、人々が被った神経的損傷のさまざまな形態と、それが彼らの心的活動や意識にもたらした帰結を記述する、一連の事例の記録から成り立っている。神経学に関する基本的な文献、とりわけ、頻繁に参照されるオリバー・サックス〔イギリス生まれの

神経学者。一九三三―）の著作をよく知る者であれば誰でも、次のような幾人かの患者に見覚えがあるだろう。たとえば有名なHMの事例があるが、彼は、脳の両側にある海馬が取り除かれたため、短期記憶を保持することができない。あるいは、麻痺によって左手を自分のものとして認識できないW夫人の事例もある。コルサコフ症候群のために、記憶が一九四五年の半ばまで戻ってしまい、一九八〇年代になっても、三〇年以上も前のかつての自分である若い男性の人格や記憶を保持している患者もいる。

しかし、ローゼンフィールドはこれに留まらず、意識に関する自身の見解を提案しようとする。彼はエーデルマンのかつての同僚であり共同研究者であるが、エーデルマンと同様に彼は、意識と記憶の結びつきを強調する。意識なしに記憶を持つことは不可能であるが、逆に、記憶がなければ十分に展開した意識のようなものを持つこともまた不可能である。意識とは、「過去、現在、身体イメージの動的な相関関係」（p. 84）から生じる。反応が分断されているか、さもなければ弱まっている脳損傷の患者を検討したうえで、ローゼンフィールドは次のように述べている。

> 意識の感覚は、明らかに、諸々の知覚の絶え間ない流れから、すなわち、（空間的かつ時間的な）諸々の知覚のあいだの関係からやってくる。それらの関係は、意識的生活を一貫する単一の人称的なパースペクティヴによって支配されているので、諸々の知覚に対する動的ではあるが断続することのない関係となる。この動的な意識の感覚は、神経科学者たちの分析を逃れる。

(p. 6)

ローゼンフィールドによれば、意識を説明するのは、知覚における諸々の瞬間を関連づける行為であって、知覚の瞬間それ自体ではない。意識の連続性は、空間と時間において生じる出来事の瞬間から瞬間へと脳が打ち立てる一致から派生する。意識を構成するうえで不可欠な要素は、自己への気づきである。

私の記憶が生じるのは、私の身体(とりわけ、ある所与の瞬間における私の身体感覚)と、私の脳が持つ私の身体についての「イメージ」(それは無意識的活動であり、そこで脳は、瞬間ごとに変化する身体感覚を関連づけることによって、絶えず変化する一般化された身体の観念を作り出す)との間の関係からである。自己の感覚を創りだすのはこの関係である。(p. 8)

ローゼンフィールドはいったい何を言わんとしているのか。この議論について、可能な限り最良の再構成をしてみよう。彼が「意識」について語るとき、彼が言わんとしているのは、いわゆる感覚そのものの事実ではなく、むしろ、正常で、統合された、病的ではない人間の意識形態のことである。したがって、新生児は「おそらく意識を持たない」(p. 60)と彼が言うとき、それを字義どおりの意味で言うことはできないだろう。彼が言わんとしているのは、新生児は、自己についての記憶や感覚にともなう一種の一貫した意識形態を欠いているということであるはずだ。つまり、この本は、意識そのものに関する理論ではなく、主として病理学的事例の研究から派生した理論、すなわち、ある最低限の年齢を越えた人物が持つ、正常で健康的な意識についての理論である。ローゼンフィールドの基本的な観念である「自己言及」は、彼によれば、意識の決定的な構成要素であり、まさに意識それ自体の構造の部分を成すが、逆にこの観念は、「身体イメージ」の概念に依存している。これらの考えのいずれをもローゼンフィールドは十分にうまく説明していない。しかし、それでもこれらの観念は示唆的であるように思われるので、私が明らかにしてみよう。

脳についてもっとも注目されるべきことのひとつは、神経生物学者が「身体イメージ」と呼ぶものを形成する脳の能力である。これを理解するために、私があなたに、自分の左前腕部をつまむよう求めたときのことを思い出していただきたい。あなたが、左前腕部をつまんだとき、あなたは痛みを感じた。では、あなたが痛みを感じているという出来事は、厳密にはいったいどこに生じているのか。常識とわれわれ自身の経験が教えるところでは、われわれの前腕部において、厳密には、つまみ上げた皮膚の局部においてである。しかし、実際には、痛みが生じるのはそこではない。あなたが痛みについての意識的な感覚を持つという現実の出来事が生じるのは、脳内においてである。脳は、われわれの身体全体のイメージを形成する。そして、われわれが身体において痛みや何か他の感覚を感じるとき、その経験が現実に生じているのは、脳内の身体イメージにおいてなのだ。

われわれが身体的感覚を経験するのは身体イメージにおいてであるということは、幻肢の事例においてもっとも明らかだ。こうした事例において、たとえばある患者は、脚全体が切断された後であってもつま先に痛みを感じ続けることがある。幻肢痛はまるで、なにかきわめて奇妙な出来事のように思われるかもしれないが、実際にはわれわれの多くが、坐骨の痛みという形で、一種の幻肢を経験している。坐骨神経痛の場合、患者は脚に痛みを感じる。しかし、その痛みに対応して彼の脚には何が起きているのか。厳密にいえば何も起きてはいない。そこで起きているのは、脊椎にある坐骨神経が刺激され、これがきっかけとなって彼の脳内にニューロンの発火が引き起こされるということである。このニューロンの発火によって、彼の脚には痛みを引き起こすものが何も生じていないにもかかわらず、脚に痛みを感じるという経験が与えられる。身体イメージの発見は、神経科学では新しいものではない。とはいえそれは、この分野の歴史において最も刺激的な発見のひとつである。ある意味で、われわれの身体感覚のすべては、幻覚的な身体経験である。というのも、感覚があるように思われる場所と、実際の物理的身体とのあいだの一致は、完全に脳内でつくりあげられたものだからだ。

ローゼンフィールドが身体イメージを使いたがるのは、次のようなテーゼを正当化するためと思われる。すなわち、われわれの自己感覚は、正確には、身体イメージに働きかける諸々の経験についての感覚である。そして、あらゆる経験はこの自己感覚を含んでおり、それゆえに身体イメージを含んでいる。これこそ、あらゆる意識が持つ「自己言及」と彼が呼ぶものである。われわれの意識的な経験のすべてが「自己言及的」である。というのは、意識的な経験は、身体イメージの経験である自己の経験に関連づけられており、自己の経験とは身体イメージの経験だからである。時間と空間を通した意識の一貫性は、身体イメージを経由して身体の経験と再び関連づけられる。そして、記憶なしには、いかなる一貫した意識もありえない。

ローゼンフィールドは、臨床的な証拠をきわめて理知的に用いて、正常な意識がどのように働いているのかを、異常な事例と対照させることで示そうと試みる。たとえば、I夫人（pp. 41-45）はその正常な身体イメージを失っている。彼女は、自分の腕や脚がどこにあるのかを示すことができない。すなわち、彼女は痛みを感じることがなく、常に自分の体のいたるところに触れることで、自分がまだ実在していることを自ら再確認しようとする。さらに彼女は、自分の経験を正常に思い出すことができない。これを、ローゼンフィールドは、自己感覚なしにはいかなる記憶もないという主張（p. 41）を支持するものとみなしている。コルサコフ症候群の患者が別の例を提供してくれる。その患者は、数分前の出来事さえも思い出すことができない。彼らはあらゆる時間感覚を失っており、そのために自己についての一貫した感覚を失っている。ローゼンフィールドによれば、彼らは、語の通常の意味を理解するために健常者であるわれわれが持っている能力を欠いている。われわれが「ティーカップ」や「時計」といった通常の語を用いて意味することを、彼らは言いあらわすことさえできない（p. 71）。

これと同様に、上腕部が麻痺した患者は、彼女の腕が自分のものであると認めることを拒否する。「彼女の左手が彼女に見せられたとき、「それは私のではないわ、あなたのよ」と彼女は言った。

「それでは、私には手が三つもあるんだね」と診察していた医者が言うと、W夫人は「おそらくそうね」と答えた」(p. 57)。麻痺という物理的外傷が、他人の脚現象〔alien lim：神経学的な現象で、患者は自分の脚が自分に付いていない、あるいは、何らかの外的な力によって自分の脚が操作されているような印象を持つ〕をつくりだすのとちょうど同じように、極めて強力な心的外傷は、多様な人格をつくりだす。こうした事例において、強力な心的痛みが自己を分断する結果、自己から自己言及という側面が失われる。ローゼンフィールドが言うように、われわれはこうした事例を、「抑止」や「抑圧」の問題として考えるのではなく、むしろ、それによって脳が刺激に応答する方法を組織し直すこととして考えるべきである。

それゆえ、ローゼンフィールドの見解では、記憶は情報の貯蔵庫としてではなく、脳の連続的な活動として理解されなければならない。これは〔意識に思い浮かべる〕イメージの場合を考えてみれば最もはっきりと理解される。たとえば何か子供時代の出来事についてのイメージを形成する場合、私は保管所に行って、既に存在するイメージを見つけるのではなく、意識的にイメージを形成する必要がある。自己感覚が記憶にとって重要なのは、私の記憶のすべてが正確に私のものであるからだ。私の記憶を記憶たらしめているのは、その記憶が私の自己感覚の一部である構造の部分を成すということである。記憶と自己は結び付き、とりわけ身体イメージに結合されている。

ローゼンフィールドのこの本は、意識についての練り上げられた理論を提示するという試みではない。むしろ、彼の目的は、個別の病理において生じる、意識の「障害」やゆがみを研究することによって、意識の一般的な本性について何らかの示唆を与えることにある。今後の研究にとって、彼の本が持つ最も重要な含意は、われわれ自身の身体についての経験をあらゆる意識形態に対する中心的な参照点として考えるべきだということにあると思う。この主張の理論的な重要性は次のような事実に見出されるだろう。すなわち、意識についてのどんな理論においても、あらゆる意識は身体についての意識とともに始まるという事実を説明しなければならないということだ。意識をともなう知覚的経験は、まさに、われわれの身体にたいして影響をおよぼすこの世界についての経験である。そして、意識をともなう意図的行為は、概して、身体を動かすこととこの世界に影響をおよぼす身体を所有することにかかわっている。したがって、まさにそもそもの初めから、すなわち、知覚することや行為することについての最も初期の経験から、身体こそがわれわれの意識の中心なのである。私自身の身体を空間と時間における対象として意識的に経験すること、すなわち、実際には脳内で構築されている経験こそが、われわれの意識的な経験のすべてを通して働いている基本要素なのである。数学の問題を考えるような抽象的なことをしているときでさえ、その思考をしているのは、それでもなお私である。つまり、空間と時間におけるこの対象としての私の身体が、この問題について考えているのである。すべての意識が身体についての意識であるわけではない。しかし、すべての意識は、身体イメージを介した身体の経験とともに始まるのである。

結論　意識の神秘をどのように意識の問題へと変換するか

1

『ニューヨーク・レヴュー・オヴ・ブックス』誌上に発表された私の元の論文は、膨大な量の書簡をあふれださせることとなった。それらの書簡によって明らかとなったのは、心と意識についての問題は、その他多くの科学的問題や哲学的問題が感じさせるものとは違った情熱とともに考察されているということである。その感情の強さは宗教や政治的なものに近い。人々にとって心底重要なことは、本書のなかで私が議論してきた問題に、どのような種類の解決が与えられるかということなのだ。奇妙なことに、私は、魂についての伝統的で宗教的な教説を信奉している人々よりも、心についての計算主義理論を信奉している人々からのより強い情熱に出くわすこととなった。計算主義者のなかには、心に関するわれわれの最も深刻な問題は、計算主義によって解決されるだろうという自らの信仰に、ほとんど宗教的な努力をつぎ込んでいる者もいる。どういう訳だか知らないが、多くの人々は、われわれがコンピュータであると証明されない限り、恐るべき重大な何かが失われると信じているかのようだ。

こうした感情の強さが、はたしてどこからやってくるのかを理解する自信が私にはない。ロジャー・ペンローズもまた、心の計算主義的見解を論破しようとした際、自分の主張が侮辱的に罵られたと述べている。私が思うに、こうした強力な感情は、コンピュータこそが新たな種類の文化的生活の基盤――われわれの生活に意味を与える新たなやり方や、われわれ自身を理解する新しい方法の基盤――を提供するのだという、多くの人々が持つ確信から生じるのではないだろうか。コンピュータは、少なくとも、科学的な世界観に従ってわれわれ自身を説明する仕方を提供するように思われる。おそらく、より重要なのは、心の計算主義理論は、ある種の科学技術的な「力への意志」を表明しているということである。もし、コンピュータのプログラムを設計するだけで心をつくりだせるなら、最終的には、人間が自然を科学技術によって支配するということが達成されるだろう。

しかし、どんな新しい科学技術にも見られるように、コンピュータの持つ哲学的重要性が極端なまでに誇張されていると私は思う。コンピュータは、有用な道具であって、それ以上でも以下でもない。私自身の生活において、コンピュータは計り知れないほど重要であった。おそらくそれは、たとえば電話よりも重要だが、たとえば車よりも重要であるかといえばそうでもない。しかし、コンピュータが、意識や心、自己に関するわれわれの最も難解な科学的で哲学的な心配事を解決するためのモデルを提供するだろうという考えは、まったく問題外だと私には思われる。その理由は、本書のなかで十分に明らかにされたと信じている。

これまで十分には強調してこなかったが、心の計算主義的モデルの欠陥のひとつは、それがあまりにも反生物学的だということである。これは計算の定義――すなわち、同一のコンピュータ・プログラムは、限りなく異なる種類のハードウェア上においても実装されうるし、また、同一のハードウェアは限りなく異なる種類のプログラムであっても実装することができる――から直接帰結することである。これは計算の形式的（抽象的、統語論的）特徴から導かれることである。その結果、心の計算主義理論にとって、すなわち、フォン・ノイマンやコネクショニズムの見解[1]のいずれにも見られるような、心はまさにコンピュータ・プログラムであるとする理論にとって、脳は重要な争点にはならない。脳というものは、まさに偶然にわれわれのプログラムが実装されるハードウェア（あるいはウエットウェア〔ソフトウェアを考えだす人間の頭脳〕）の媒体となっただけであり、どれほど異なる別種類のハードウェアであっても適切にそれを実装するであろう、ということになる。

これにたいして私が主張したいのは、意識が関わるところでは、脳が決定的に重要であるということである。実際に脳内プロセスが意識を引き起こすということをわれわれは知っている。したがって、意識を引き起こすことのできる他のどのような種類のシステムも、脳が意識を引き起こすべく備える因果的効力の閾値と、少なくとも等値の因果的効力を持たなければならないことになる。「人工脳」が、たとえニューロンとはまったく異なった物質によってつくられているとしても、意識を引き起こすことがあるかもしれない。しかし、人工脳を組み立てるために利用される物質が何であれ、結果として生じる構造は、意識が備える閾値をわれわれに認めさせるほどの因果的効力を脳と共有していなければならない。つまり、人工脳は、脳が引き起こすものを引き起こすことができなければならないのだ（人工心臓と比較してみればよい。人工心臓は筋繊維からつくられている必要はないが、それを作っている物理的な実体が何であれ、結果として生じる構造が持つ因果的効力は、実際の心臓が血液を送り出すために持つ因果的効力の閾値と、少なくとも等値でなければならない）。

こうした事柄のすべてを心の計算主義理論は否定する。結果的にそれは、意識にたいする脳の関係は因果関係ではまったくなく、むしろ、意識とは単に脳内のプログラムから成り立っているという考えに傾倒することになる。さらに、心の計算主義理論は、脳について研究する特定の神経生物学が、個別的な意識や心一般の問題に関わることを否定する。〈強いＡＩ〉は、その科学的な口実にもかかわらず、ある種の二元論の最後のあがきと見なすのが最善である。〈強いＡＩ〉によれば、心と意識は、成長や生命現象あるいは消化のような、具体的で物理的な生物学的プロセスではなく、何か形式的で抽象的なものである。実際、初期の著作において、ダニエル・デネットとその共著者であるダグラス・ホフスタッターは、まさにそのように心を特徴づけた。彼らによれば、心とは「その同一性が、いかなる個別の物理的な具体化にも依存しない、抽象的な類のものである」[2]。この見解は、心の計算主義理論に典型的な二元論の残滓を表わしている。注目されるべきは、消化や光合成、その他の典型的な生物学的プロセスについては、誰も同様の主張をしようと思わないことである。そうした生物学的プロセスについては、「その同一性が、いかなる個別の物理的な具体化にも依存しない、抽象的な類のものである」などと、誰も言わないだろう。

「意識の問題」とは、脳内の神経生物学的なプロセスが、気づきや意識感覚（sentience）といったわれわれの主観的な状態をどのように引き起こすのかを、厳密に説明するという問題である。これらの主観的な状態は、厳密にはどのように脳構造のなかで実現されるのか。そして、意識は、脳全体の経済活動において、厳密にはどのように機能するのか。したがって、意識はわれわれの生活において一般にどのように機能するのか。これらを厳密に説明しなければならない。もし、何が意識を引き起こし、意識が何を引き起こすのかといった因果の問いに答えることができるなら、それにともない他の問いに答えることも容易になるだろう。すなわち、もし、因果的なつながりの全体が知られたならば、「しかじかの意識のプロセスは脳内のどこに厳密に特定されるのか、そして、なぜわれわれはそのような意識のプロセスを必要とするのか」といった問いに方がつくだろう。こうしてみれば、意識の問題とは、他の科学と同様の科学的なリサーチ・プロジェクトなのである。しかし、意識が「神秘」であるように見えるのは、どのようにして脳内の何かが意識状態を引き起こすことができるのかについての明晰な考えを、われわれが持たないからである。もし因果の問いに答えが見つかれば、神秘というわれわれの感覚は取り除かれるだろう。神秘というわれわれの感覚こそが、まさに、因果の問いに解答を与える上で真の障害なのである。では、議論をさらにどれほど前進させることができるかを調べることによって、〔本書において扱った〕六つの著作が提起した議論に結論を下したい。まずは、史実的な状況を概観することから始めよう。

二十年ほど前、私はこれらの問いにはじめて真剣に関心を持つようになったが、その当時、神経科学に関わる多くの人々は、意識が本物の科学的な問いになるとはまったく考えていなかった。彼らの多くはそれを単に無視したが、もし問われれば、客観性に基づく科学は主観的な状態を扱うことなどできないと言っただろう。カリフォルニア大学サンフランシスコ校の神経学者ベンジャミン・リベット〔アメリカ生まれ。一九一六―二〇〇七〕は皮肉にもまったく典型的な姿勢を示した。彼は私に、神経科学において「意識に関心を持つのはかまわない。しかし、先ずテニュア〔大学の終身在職権〕を得てからだ」と言った。もちろん、すべての神経科学者がこの問題に取り組むのをためらっていたわけではない。少なくとも、今世紀初頭に遡れば、偉大なイギリス人生理学者であるチャールズ・シェリントン〔イギリス生まれ。一八五七―一九五二〕の業績や、より近年であれば、意識を神経生物学的に説明しようと試みる伝統がある。この伝統は、ジョン・エックルスやロジャー・スペリー〔アメリカ生まれの神経心理学者。一九一三―一九九四〕といった、ごく最近の傑出した科学者たちによって継続されている。しかし彼らは、その分野では決定的に異端者だと見なされていた。今日にいたるまで脳科学の標準的な教科書には意識に関する章がなく、意識が重要な科学的問題を提起するということをわずかに示唆しているに過ぎない。

哲学においては、状況はさらにひどかったように思うし、それは依然として変わっていない。脳科学も哲学も、気づきや感覚といった内的で質的な主観的状態という意味での意識の存在を否定しようとする点で共通していた。このことが明示的に述べられることは滅多にない。「世界史上のいかなる人間も、これまで意識を持つことはなかった」とためらうことなく公言する人は、どの時代においてもほとんどいない。しかし、彼らが提示した意識の分析は、意識が、行動へ向かう性向（行動主義）、さまざまな種類の因果関係（機能主義）、あるいはコンピュータ・システムにおけるプログラムの状態（強いＡＩ）以外の何ものでもないことを示そうと試みるものであった。一般的な傾向として想定されたのは、意識を別の何かに還元しうるということ、あるいは、何かしらの「唯物論」によって意識を完全に消去することができるということである。

意識の存在を否定しようとする衝動には複雑な歴史的理由があり、私はそのいくつかを『ディスカバー・マインド！』[3]において詳しく調べた。最も単純な説明はこうだ。さまざまな学問分野において、とりわけ哲学において、われわれは二元論にたいする広範な恐れに苦しめられている。主流にいる多くの哲学者たちは、依然として、意識の存在やその還元不可能性を認めれば、ある種の二元論的な存在論を許容せざるをえなくなると信じている。意識状態が現実に存在することを否定する唯物論のあるヴァージョンと、意識状態の存在を許容することでもたらされると彼らが考える二元論のあるヴァージョンとがあって、どちらかを選択しなくてはならないと彼らは信じている。しかし、二元論はまったく問題にならないように思われる。二元論を受け入れることは、われわれが過去数世紀にわたって苦労して達成した科学的な世界観を否定することである。二元論を受け入れることは、心的世界と物理的世界というまったく異なる二つの世界に、われわれが実際に生きていること、あるいは少なくとも、心的と物理的という二つの異なる種類の属性があると結論することである。私が本書で明らかにしたいのは、伝統的な二元論の存在論、すなわち、形而上学的にも存在論的にも異なる二種類の領域にわれわれは生きているとか、この世界には異なる二種類の属性があるとかいう考えを受け入れずとも、意識の存在とその還元不可能性を生物学的な現象として容認できるということであった。

私が試みているのは、概念地図を書き直すことである。もしあなたが「心的」と「物理的」という相互に排他的な二つの領土しかない地図を手にしているなら、それは役に立たない地図であり、向かうべき道筋を決して見つけ出すことはないだろう。この現実世界には、経済的、政治的、気象学的、体育的《アスレティク》、社会的、数学的、化学的、物理的、文学的、藝術的などといった多くの領土がある。これらはすべて、一つの統合された世界の部分である。これは明白なことなのだが、それを理解するのがきわめて困難となるほど、われわれに残されたデカルト主義の遺産は強力である。私の経験からいえば、学部生はこの点をかなり容易に理解することができるし、大学院生もなんとか理解することができる。しかし、多くの在職の〔ポストを持った〕哲学者にとって、これを理解するのはあまりにも困難なようだ。彼らは、私の立場が、「唯物論」か「属性二元論」のいずれかでなければならないと考える。どうして唯物論者でも二元論者でもないことがありうるのか——それは、共和党支持者でも民主党支持者でもないという考えと同様に馬鹿げている！

いったん、二元論を却下し、一緒に唯物論も却下してしまったならば、意識に関する生物学的説明を理解するためにどのように歩みを進めるべきだろうか。いったん、〈強いＡＩ〉や還元主義のような誤りの根拠を取り除いたら、その後どうすればよいのか。これまでに検討してきた著作のうち、イズリアル・ローゼンフィールドの著書はこの問いを扱っていないし、デネットの著書は、意識の主観的な状態が存在することを否定することで、事実上、この問題の存在を否定する。デイヴィッド・チャーマーズは、脳はいかなる特別な役割も持たず、意識を維持することができる数ある情報システムのひとつに過ぎないと説明することで、この問いをよりいっそう答え難いものにしている。フランシス・クリック、ジェラルド・エーデルマン、ペンローズは、それぞれまったく異なった仕方ではあるが、私には正しい方向に進んでいるように思われる。第一のステップは、意識にたいする神経の相関を見つけ出すことだというクリックは全く正しい。しかし、すでに指摘したように、神経的な相関だけで十分だというわけにはいかない。なぜなら、二つのものが相関していることを知ったとしても、まだその相関関係を説明したことにはならないからだ。たとえば、稲光と雷鳴〔の相関〕を考えてみよう。それらは正確な相関関係にあるが、私たちが理論を持たない限り、説明にはならない。では、相関関係があるとわかったあと、一体何が必要なのか。概して、科学が進む次の段階は、この相関関係が因果関係であるかどうかを知ろうとすることである。時に、二つの現象が相関しうるのは、そのどちらもが同じ原因を持つからである。〔たとえば〕はしかによる発疹と高熱が相関しているのは、そのどちらもがウィルスによって引き起こされるからである。

相関する事物が因果的に互いに関連し合っているかどうかを見つけるひとつの方法は、一方の変数を操作し、他方に何が生じるかを調べることである。たとえば、意識があることと一定の神経生物学的な状態にあることのあいだに、観察することのできる正確な相関関係があると想定しよう。私は、クリックのように、その相関関係は四〇ヘルツでニューロンの発火が進行していると考えるのではなく、おそらく意識と相関する何かがあると考える。ある特定の神経生物学的状態ないし状態の集合があると想定し、それを「状態N」と呼ぼう。この「状態N」は、意識のある状態と一定不変に相関していると考えられる。次の段階は、状態Nを誘導することによって、諸々の意識状態を誘導することができるかどうか、そして、状態Nを中断することによって、諸々の意識状態を中断することができるかどうかを調べることである。もしそれができたなら、そこでは相関関係以上のもの、つまり因果関係にとっての有効な証拠を手にすることになると思われる。もし、別の項を操作することによってある項を操作することができ、そのとき他の諸項が等しければ、あなたが操作しているその項が操作されている項を結果として導びく原因であるということのまさに有効な証拠となる。これが理論的説明を手にするための第一段階となるだろう。しかし、その理論的説明が有効なのかを説明するのは、一体どのような種類の理論なのだろうか。こうあるべきだと想定される機構とはどのようなものなのか。

この点で、われわれは自らの無知を率直に告白しなければならない。私自身はおろか、他のどんな人であっても、現在、そうした理論が何であるかを知らない。そうした理論をわれわれに与えてくれるのは、次世代の神経生物学者であろうと私は考えている。それにもかかわらず、私が楽観的なのは、次に述べるような明白で決定的だと思える考えのせいである。すなわち、われわれが世界について何かを知っているとすれば、それは、脳内プロセスがわれわれの意識状態を引き起こしているということである。さて、このことが実際に生じるのをわれわれは知っている以上、少なくとも原理的に、それがどのようにして生じるのかを発見することが可能だとみなさなければならない。たとえ結局は、われわれが意識の因果的説明を獲得することはなく、また獲得できないことが判明するとしても、研究計画の出発点においてこの不可能性を想定することはできない。研究を始めるときには、この相関関係がわれわれによって発見されうる因果関係の証拠であるとみなすべきだ。しかし、いったん発見しうる因果関係があると想定するなら、それは理論的に説明可能であるとも想定しなければならない。ひょっとすると、われわれにはその因果関係が説明できないことが判明するかもしれない。さらに、脳と意識の因果関係は理論的説明に抗うものであること、(4)すなわち、脳にたいする意識の関係を説明するという問題が、われわれの生物学的に限定された認知能力の範囲を超えたものだということが判明するかもしれない。そもそも、われわれの認知能力は狩猟採集民族が生きる環境に応じて発達したのであって、この類の問題に取り組むために発達したわけではない。それにもかかわらず、やはり、われわれはそうした因果関係が発見可能であるばかりか、理論的に理解可能でもあると想定しなければならない。

現代の神経科学における好ましくない秘密については、これまで取り上げた本では言及されていないし、私もこれまで議論してこなかった。今までのところわれわれは、神経科学を統一する理論的原理を持っていないのである。物質については原子理論があるし、病気については細菌理論、遺伝については発生理論、地理については地殻プレート理論（プレートテクトニクス）、進化については自然淘汰の理論、心臓については血液循環理論、さらには、筋肉については収縮理論がある。このような意味では、脳がどのように働くのかについての理論をわれわれは持たない。われわれは、脳のなかで実際に何が起きているのかについて多くの事実を知っている。けれども、神経生物学が問題とする水準において起きていることが、どのようにして脳に、われわれの心的活動を引き起こし、構造化し、組織化するために行なわれていることを可能にするのか、これについての統一的で理論的な説明をわれわれは未だに持っていない。標準的な教科書の著者たちと同様、私は概して、あたかもニューロンが基本的な機能単位であり、おそらくはこれが正しいと語ってきた。しかし、現在、それが正しいかわれわれにはわからない。おそらく、脳をニューロンの水準で理解しようとすることは、車のエンジンをシリンダーブロック〔エンジンの土台部分〕内の金属分子の水準で理解しようとするのと同じくらい無益だということが判明するだろう。ニューロン地図の水準におけるエーデルマンの説明が示唆するように、機能している因果的メカニズムは多くのニューロンを必要とすること、あるいはペンローズの微小管《マイクロチューブル》についての議論が示唆するように、ひょっとすると、説明されるべき単位はニューロンよりももっと小さいことが判明するかもしれない。これは、さらなる探究によって決着をつけられるべき実際的な問いである。

しかし、われわれはどのようにこの探究を継続すべきであろうか。問題に取り組む上で見込みのある方策は、無意識を介して意識に接近することである。心理的には現実であるにもかかわらず、いかなる意識の現われも示さない脳内プロセスについては、多くの臨床事例がある。おそらく、これらの事例で最もよく知られているのは「盲視」[5]である。これらの事例において、脳に損傷がある患者は、彼の視野において生じている出来事を報告することはできるのだが、その出来事にたいする意識的気づきが全くない。盲視の患者は両眼は無傷なのだが、脳の後方にある視覚野に損傷があるため、視野の一部分が彼には見えなくなっている。ある古典的な研究において、患者DBは第三象限が盲目であった。視野を大雑把にあなたの目の前にあるおおよそ円のようなものとして考えてもらいたい。すると、DBは円の右半分と左半分の上部は見ることができるのだが、左半分の下部は何も見ていない。ある実験では、DBの目線をスクリーン中央に集めておき、×と○の記号を、目線を移すことができないほど素早くスクリーン上の、彼の盲目部分に点滅させた。〔そして〕スクリーン上に何が点滅したか「推測する」ように問う。彼はそこには何も見えないと主張する。しかし、それにもかかわらず、彼は、ほぼ毎回、正しく推測をした。こうした患者は、たいてい、自分が成功したことに驚く。実験者は実験後の面談時に、「どれくらいうまくいったかわかりますか?」と尋ねる。するとDBはこう答える。「いいえ、何も見えなかったのでわかりませんでした。見えなかったんだ、ちくしょう」(p. 24)。

こうした実験はさまざまな点から興味深いものであるが、これは、意識の問題にアプローチするための問いの立て方をわれわれに提供してくれる。患者は、意識的に見ることでも、盲視の事例でも、まさに同じ情報のようなものを得ている以上、神経解剖学的にいえば、盲視と意識的に見ることの間には厳密にどのような違いがあるのか。同じ情報が意識的な形態で把捉されるとき、その意識的なシステムによって何が付け加えられるのか。意識はどのようにして視覚に入り込むのか。

これは継続中の研究[6]であり、意識の問題を打破するうえで、私が知っているどの研究にも劣らず見込みのあるものである。もし、意識がどのようにして視覚に入り込むのかがわかったなら、そのときには、視覚にも、意識の他の形態においても、それによって脳が意識を引き起こす特殊なメカニズムを特定することができるかもしれない。これまでに何度も繰り返されてきたいつもの手違いは避けなければならない。われわれの研究対象が、患者の識別能力のような、何か三人称的な「客観的」現象であると考えるような脇道に逸れてはならない。また、「クオリア」の問題を無視して行動だけを研究することができるなどと考えてはならないし、さらに、本当は二種類の意識——科学的調査になじみやすい情報処理的な意識と、現象的意識、すなわち永遠に神秘のままであるだろうと主観的に感じられるような形の意識——があるなどと余計なことを考えてはならない。そうではなく、むしろ、意識という単位が保証しているのは、われわれ各自にとって、意識的活動のさまざまな形態はすべて、ある単一の意識的領域に統合されることである。意識には、膝の痛みやハチミツの味といった身体的感覚も含まれる。また、バラを見ることのような視覚的な知覚も含まれる。さらには、数学の問題や次の選挙について考えることも含まれる。ただ坐って、意識的に二足す三は五になると考えることに似た何か、あるいは似ていると感じる何かがあるのだろうか。もしあるとすれば、坐って、次の選挙に民主党が勝利するだろうと考えることに似ていると感じるものと、それはどう違うだろうか。こうした事柄〔数学の問題や次の選挙〕について考えることに似ている何か、あるいは似ていると感じる何かが確かにあるが、それらのあいだで厳密に違うのは、意識的に「2＋3＝5」を考えることと、意識的に「次の選挙で民主党が勝利するだろう」と考えることのあいだの違いなのである。

意識についての生物学的な問題を解決すれば、意識の神秘は徐々に取り除かれていくことだろう。意識の神秘とは、どのように脳が働いているのかをこれ以上理解するのを妨げる形而上学的な障害ではない。むしろ、神秘という感覚は、現時点でわれわれはどのように脳が働いているのかを知らないというだけでなく、脳が意識を引き起こすべくどのように働くことができるのかについての明晰な観念を持つことさえないという事実から生じる。こうしたことが、どうして可能なのかさえわれわれは理解していない。しかし、われわれは以前にも似たような状況にあった。百年前には、単なる物質が生きることができるということは神秘だと思われていた。そして、生命を力学的、化学的に説明する機械論者と、そのような説明は不可能だと考え、どんな説明も「生命力」や「生の跳躍」といった、単なる化学的プロセスの外部にあって生命を可能にしているものを前提することが必要だと考える生気論者とのあいだで激しい論争が交わされた。今日のわれわれにとって、曾父母の世代がこの問題をめぐって感じていた困難さの感覚を取り戻すことは困難でさえある。その神秘が解決されたのは、単に機械論者が論争に勝利し生気論者が敗北したからではなく、われわれが、機械論に関連する概念を、より豊かなものにしたからである。脳についても同じことが言える。われわれが生命を研究する生物学を今理解するのと同じ理解力の深さで意識の生物学を理解するとき、神秘の感覚は取り除かれることだろう。

2

本書を締めくくる最善の方法は、これら〔意識〕の問題に関する論争と往復書簡において繰り返し話題にのぼった問いを検討し、それらにたいする解答を出すことだと思う。これらすべてにもっとも共通する問いから始めよう——

1　機械は意識を持ちうるだろうか。

われわれはこの問いにたいする解答を百年かけて理解した。脳は機械である。ただし、それは意識を持った機械である。脳は、心臓や肝臓とまさに同程度に、生物学的な機械である。それゆえ、もちろんいくつかの機械は思考することができるし、意識を持つことができる。たとえば、あなたの脳や私の脳がそうだ。

**2　その通りだ。しかし、人工機械、すなわち自動車やコンピュータが機械であるという意味で

の機械、工場でつくられる類のものについてはどうか。それらは意識を持ちうるだろうか。

注意するべきは、この問いを心臓に関しては尋ねていないことである。われわれはすでに工場内で人工心臓を生産している。なぜ、脳はこれとは何か違うはずだということになるのか。人工心臓に論理的な障害がないのと同様、人工脳にもそれはない。言うまでもなく、困難な問題は膨大にあるが、それらは実践的、科学的な困難であって、論理的、哲学的な困難ではない。われわれは、どのように実際の脳が意識を引き起こすのかを知らないのだから、それをなしうる人工脳を作製することができない状況にある。重要な点は、すでに述べた通りだ。脳は因果的に意識を生じさせる、すなわち脳内のプロセスこそが、実際に脳が意識的な状態にあることを引き起こす。従って、どんな他のシステムであっても、脳が意識を引き起こす際の因果的効力の閾値と、少なくとも等しい因果的効力を持っていなければならない。こうした主張は、脳が因果的に意識を引き起こすという事実から導かれるごくありふれた論理的帰結であると私は考えている。そして、私が「因果的効力の閾値」に言及しなければならないのは、おそらく脳は、必要以上にたくさんの因果的効力を持っているからである。こうした事情から、脳とは別のシステムは、脳が持っているすべての効力を持つ必要はないが、少なくとも、意識的でないものから意識的なものへと閾値を超えることができなければならない。しかし、それを行なう脳に特有の因果的要素についてわれわれは何も知らないので、意識を持つ機械の作製に着手することができない。もしかするとその要素は神経細胞構造が持つ生化学的特性かもしれない。あるいは、クリックが示唆しているように、ニューロンの発火比率と特殊なニューロンのアーキテクチャの組合わせかもしれない。あるいは、ペンローズが示唆するように、微小管のような、ニューロンよりも下位の要素が持つ物理的特性かもしれない。あるいはそれは、われわれがシリコンや真空管で複製することのできる特性かもしれない。今のところ、われわれには何もわからない。しかし、繰り返しいうならば、困難の原因は、こうした無知の問題であって、形而上学的な障害や論理的な障害の問題ではないのである。

3　しかし、あなたの見解では、脳組織は意識にとって必要だということであったと思うが。

そうではない。それは決して私の見解ではない。むしろ、私が指摘したのは、意識を引き起こすには何らかの脳内プロセスで十分であるということだ。これは、自然がどのように作動しているのかについての事実にすぎない。ここから、意識を因果的に引き起こす脳以外のシステムがあれば、少なくともそれと等価な因果的効力の閾値を持つにちがいないということが当然導かれる。しかし、そのシステムは神経組織を必要とするかもしれないし、しないかもしれない。われわれにはそれがわからないのだ。この帰結が重要なのは、たとえば形式的なコンピュータ・プログラムは除外されるという点である。というのも、コンピュータ・プログラムは、〔そのプログラムを〕実装している媒体の因果的効力以上のいかなる因果的効力も持たないからである。

4　それならば、意識と同じ外的な結果を生み出すことのできる機械を組み立てることから始めればどうだろうか。もし、あたかも意識を持つかのように行動する、コンピュータ制御のロボットを組み立てることができれば、おそらく意識を作り出すことになるだろう。どうだろう

か。

本書のなかで何度も見てきたように、意識の本質は、それが内的で質的な、また主観的で心的なプロセスであるということにある。そうしたプロセスの観察可能な外的行動の結果を複製することによって、それら心的プロセスを複製することはできない。それは、砂時計を組み立てることによって、あなたの腕時計の内的な機構を複製しようとするようなものだ。砂時計はあなたの腕時計と同様に時を刻むかもしれないが、その外的な動作は、あなたの腕時計の内的な構造を理解することとは無関係である。同様に、あたかも意識を持つかのように行動する機械を創作することによって意識をつくりだす試みが無意味なのは、行動それ自体が無関係だからである。意識の研究にとって行動が重要なのは、われわれがその行動を内的な意識プロセスの表出、効果と見なす限りにおいてである。

この点を疑う余地のないほどに明確にするため、例を挙げてはっきりさせておこう。外部刺激は、われわれに痛みを持つことを引き起こすし、次にはこれらの痛みが、その痛みに応じた行動を引き起こす。今、最新の入手可能な技術を使いさえすれば、われわれは、痛みを与える刺激に反応して、痛みに応じた行動を出力するシステムを組み立てることができる。あなたがキーボードを強く叩きすぎるたびに、毎回「痛い！」とプリントアウトするようなコンピュータを組み立てることもできる。はたしてこれが、コンピュータのなかに痛みをつくりだしたと考えうるだけの、何らかの理由になるだろうか。まったくそうはならない。この点については、これまでの論争で何度となく述べているが強調させていただきたい。すなわち、意識の存在論が関わるところでは、外的行動は無関係なのである。行動は、せいぜい認識論的に関連性を持つに過ぎない。たとえばわれわれは、ほかの人たちが意識を持つかを、一般に彼らの行動によって見分けることができる。しかし、この認識論的な関連性は、表立っては現われないある前提に依存している。すなわち、ほかの人たちが私と因果的に類似していること、そして、似通った原因は似通った結果をもたらすだろうという前提である。たとえば、もしあなたが自分の親指をハンマーで打ち付けてしまったなら、他の条件が等しければ、あなたは、私が自分の親指をハンマーで打ち付けてしまったときに私が感じている種類のものを感じるし、私が行動するのと同じ仕方で行動するだろう。だから私は、刺激入力と行動出力のあいだの相関関係を観察することに基づいて、十分な自信をもってあなたに痛みを帰属させることができるのだ。私は、基礎となる因果的機構は同一であると想定しているのである。

5　それが私が尋ねたかったもうひとつの問いへと導くことになる。あなたは、意識を引き起こす脳内プロセスについて論じ続けている。しかし、なぜそのような脳内プロセスに固執するのか。ニューロンの発火が意識を引き起こしうるならば、なぜ情報は意識を引き起こすことができないのか。実のところあなたは、それほど特別なニューロンの発火が何であるのかを明らかにしていない。もしかすると、ニューロンの発火には情報が含まれているのかもしれないのに。

「情報」は、この世界における実在の物理的特性を、ニューロンの発火や、もっといえば意識がこの世界における実在の物理的特性であるというような仕方で、名指したものではない。意識を持った行為主体の心のなかにすでにある情報を除けば、情報はその観察者に相対的である。私が第一章で設けた区別、つまり物理的な力や質量のように観察者から独立した世界の特性と、本であることやお金であることのように、観察者に相対的な特性とのあいだの区別を思い起こしていただきたい。意識を持った人の思考の部分をなすような種類の情報を除けば、情報は観察者に相対的である。情報とは、われわれが情報であるとみなし、情報として利用することのできるあらゆるものである。教科書から例を取るなら、木の年輪はその木の樹齢についての情報を含んでいる。しかし、年輪についてのどのような事実が、年輪に情報をになわせるのか。輪の数とその木の樹齢が、年数に応じて正確にともに変化するということは、ただの物理的事実である。この物理的な事実を知っている者は、一方からもう一方を推論することができる。しかし注意すべきことは、同じように、その樹齢は木の切り株にある輪の数についての情報を含んでいると言うこともできるだろう。要するに、この意味での「情報」は、切り株や日光と同列な、世界に実在する因果的特性を名指してはいない。年輪と季節の巡りは世界の実在的な特性であり、それらはわれわれから独立して存在している。しかし、こうした意味では、これらの物理的特性につけ加わるどのような情報も、すべてわれわれに相対的である。要するに、情報は、重力や電磁気のように世界の独立した因果的特性ではないため、意識の全般的な原因とはなりえない。繰り返していえば、われわれがこの世界において情報として利用できるあらゆるものが情報なのである。情報は、観察者に相対的なものである。

6　では、複雑さについてはどうだろう。あなたは複雑さを無視している。結局のところ、チャーマーズが指摘するように、脳が一兆個のニューロンを持っているならば、一兆個の接続回線を持つコンピュータはどうだろう。なぜそれは意識を持てないのか。

厳密にいえば、複雑さについての何らかの基準なりそれを測定する方法なりがないまま、複雑さについて論じることには意味がない。しかし、たとえばあるシステムの独立要素とそれらの組合わせパターンを数え上げることで、われわれがそのような基準を手にしたと仮定しても、複雑さそれ自体が意識の問題にたいして何らかの関連性を持つかどうかまったく明らかではない。単にパターンの複雑さだけなら、海洋における分子のパターンは、私の脳におけるニューロンのどんなパターンよりもはるかに複雑である。さらにいえば、ニューロンよりもさらに多くの分子があるという単純な理由から、私の親指における分子のパターンは私の脳におけるニューロンのパターンよりもさらにいっそう複雑である。しかし、だからどうしたというのか。実際に、シロアリは約十万個のニューロンしか持っていないが、シロアリが意識を持つことが判明するかもしれない。理解する必要があるのは、特定の生物学的プロセスなのである。

われわれは、数学的な複雑性の観念に訴えることで意識の問題は解決されるだろうと考えるよう常に駆り立てられてきた。しかしこれは、われわれがつくりだしたより深い誤解を暴き出すように思われる。情報が意識にとって鍵となると考えるなら、われわれは直ちに次のような事実を目の当たりにする。すなわち、サーモスタットやポケットサイズの計算機は「情報処理」を実行しているが、あまりに頭が悪いため、それらが意識を持つなどとは考えられないという事実である。このように、情報が観察者に相対的であることを忘れてしまうと、われわれとサーモスタットとの違いは、われわれの情報処理の方がより複雑であることだと考えてしまう。複数のサーモスタットと計算機をよりいっそう複雑に組み合わせるだけで、それらも同様に意識を持つことになるかもしれない！ともあれ、情報が鍵であると想定するという最初の一手の愚かさは、脳は実際どれほど複雑なのだろうかと思いを巡らす際にわれわれを襲う、ある種のめまいによって教唆されたものだ。人間の脳は世界中で最も複雑なシステムであると、静かにほとんど敬虔な調子で主張されるのを聞いたことがある。こうした主張の問題は、それが誤りだということではなく、無意味だということだ。人間の脳が天の川やアマゾンのジャングルよりも複雑だというのは、どのような種類の尺度によるのか。もちろん、豊かな意識は豊かなニューロンの能力を必要とするだろう。たとえば、人間がさまざまな色——赤、青、緑など——を見ることができるなら、人間の脳は、われわれが意識的に経験するさまざまな色を識別するのに十分な構造を持たなければならないだろう。しかし、ただ純粋に意識が存在するためには、複雑さそれ自体では十分ではない。十億個あるいは一兆個ものサーモスタットを複雑な順序で組み立てることが、サーモスタットのなかに意識が生じうる蓋然性を増大させることにはならないだろう。意識の問題を解決するには、人間の脳や動物の脳といった、特定のメカニズムが持つ因果的効力を理解する必要がある。

7　しかし、それにもかかわらず、われわれは人工的にコンピュータのなかに意識を創り出すべ

く、実際に前進しているのではないだろうか。チェスを指すコンピュータ〈ディープ・ブルー〉のような事例を考えてみればよい。どうにかこうにか、われわれは、世界で最も強いチェス・プレイヤーを打ち負かすことのできるコンピュータ・プログラムを手にした。たとえまだ意識を持つコンピュータを創り出してはいないとしても、確かに〈ディープ・ブルー〉は人間の意識にとって重大な意義を持つ進展ではないのか。

第三章で述べたように、人間の意識が問題となっている限り、そのことに何の意義もない。われわれが、どんな人間の数学者にも優りうるポケットサイズの計算機を手にして久しい。しかし、それが人間の意識と何の関連があるのか。まったく何もない。計算機は、われわれが入力した演算問題にたいして、正しい解答であると解釈することのできる記号を算出するように設計されている。しかし、計算機は、数や足し算、あるいはその他のことについては何も知らない。〈ディープ・ブルー〉も同じである。〈ディープ・ブルー〉はチェスや駒の移動、あるいはその他のことについて何も知らない。それは、意味のない記号を操作するための機械である。記号がその機械にとって無意味なのは、あらゆるものが機械にとって無意味だからである。われわれは、われわれが入力した記号をチェスの駒の配置を意味するものとして解釈することができるし、機械が算出した記号をチェスの一手を意味するものとして解釈することができる。なぜなら、われわれがその機械を駒の配置についての記号に応答して一手についての記号を打ち出すように設計したからである。同じように、われわれは入力をバレエの姿勢として解釈し、出力をバレエの振り付けとして理解することもできるだろう。〔しかし〕機械にとっては何の変わりもない。どうにかして何かしらのプログラムを意識にとっての鍵にしようと考えても、まったくの空想である。

チェスを指すコンピュータは意識を持っていなければならないという主張よりもさらに奇妙なものがある。それは、どんなチェスの達人をも打ち負かすことのできるプログラムが存在するということが人間の尊厳にたいする脅威になるかもしれないという主張である。こうした誤解へと向かう誘惑を取り除くためには、実際に何が起きているのかを考えてみればよい。人間の研究者からなるチームは、別の人間たちからなる諸々の研究チームによって設計された強力な電子機器を用いて、あるプログラムを生み出した。そのプログラムは、われわれが、チェスの駒の移動として解釈することのできる記号をプリントアウトするだろうし、またその駒の一手が、一人の人間であるチェス・プレイヤーを負かすことになるだろう。では、それによっていったい誰の尊厳が脅かされるというのか。もし、〈ディープ・ブルー〉を組み立てるというプロジェクト自体が、チンパンジーや火星人によって実行されたのであれば、競争相手がいると、私も思うかもしれない。しかし、この電子機械は、自分の命も、自律性もまったく持っていない。それは、われわれが作り出した単なる道具なのである。

8　では、どうしてあなたは、コンピュータは意識を持たないということにそれほどまでに自信を持てるのか。コンピュータは間違いなく知性的に振る舞っている。コンピュータは意識を持たないというあなたの断言は、独断的に見える。コンピュータが意識を持たないということを

あなたはどのように証明するのか。

あなたは要点を外している。すなわち、私はこの椅子が意識を持たないことを証明することはできない。もし、何かの奇跡によって、あらゆる椅子が突然意識を持つようになったとしても、それを論駁しうるいかなる論拠もない。同様に、私はコンピュータが意識を持っていないということの証明を提示しない。繰り返すが、何かの奇跡によってあらゆるマッキントッシュが突然意識を持つようになったとしても、私はその可能性を論駁できないだろう。これによって、私はむしろ、コンピュータの演算それ自体は、すなわち、形式的な記号の操作それ自体は、意識が現われるのを保証するには十分でないことを証明したことになる。すなわち、記号操作は抽象的で統語論的な項によって定義され、統語論それ自体はいかなる心的内容も——意識的か否かを問わず——持たない。さらに、抽象的な記号はいかなる因果的効力も持たないのだから、意識を引き起こす因果的効力も持たない。因果的効力のすべては〔プログラムを〕実装している媒体のなかにある。そのなかにプログラムが実装されている個別的な媒体、たとえば私の脳は意識を引き起こす因果的効力を独立に持つかもしれない。しかし、プログラム上の演算は、〔そのプログラムを〕実装しているいかなる媒体からも完全に独立して定義されるべきである。というのも、プログラムの定義は純粋に形式的であり、だからこそどのような媒体にも実装できるからだ。緑色のサンバイザー〔目の疲労を軽減する〕をして脚の高い椅子に坐っている人から、真空管やシリコン・チップにいたるまで、プログラムを実行するのに十分に豊かで十分に安定したシステムならすべて、〔プログラムを〕実装する媒体となりうる。これらはすべて、〈中国語の部屋の論法〉で示したものだ。

9　しかし、結局のところ、あなたの哲学は、単なる別種の唯物論のように私には思われる。「生物学的自然主義」について述べられたすべては、偽装された時代遅れの唯物論のようだ。

唯物論は、二元論を拒否する方法として、すなわち、「心的な」ものごとや「心的」特性が、それ以外の「物質的」世界から独立し、また、それとは形而上学的に異なって存在することを否定する方法として発展した。私は確かに二元論を拒否している。唯物論者もまた、概して、意識が実在的で還元不可能なこの現実世界の部分であることを否定しようとする。彼らが主張したがっているのは、「意識は……に過ぎない」ということである。そして、彼らはその空白部分を埋めるべく、自分が気に入った候補者を選出する。すなわち、行動、脳の神経化学的状態、任意のシステムの機能的状態、コンピュータ・プログラムなどである。そして、私はこの意味での唯物論を否定している。意識は、現実世界の実在的な部分であり、何か他のものが選ばれることで消去されたり、還元されたりはできない。だから私は、「唯物論」や「二元論」といった言葉づかいが有益だとは思わない。そういった言葉づかいは、さらに多くの問題をつくりだし、解決へ向かう方向を指し示すことはないように思われる。このような古くなった言葉づかいを用いることなく事実を述べることは可能であり、まさにそれこそ、私がしようとしてきたことである。

10　あなたはそうした言葉づかいを好まないようだが、とはいえ、あなたの見解と属性二元論との間になんら違いは認められない。あなたは、意識は「還元不可能」なものだと言う。しかし、意識は物質的属性には還元不可能な属性であるという見解が、属性二元論以外の何だというのか。すなわち、あなたの見解はつまるところ、この世界には還元不可能なほどに異なる二種類の属性――つまり意識とそれ以外のもの――があるという考えになるように思われる。あなたがそれを何と呼ぼうとも、私はこの見解を属性二元論と呼ぶ。

この世界には多くの現実的な属性がある。ほんの少し例を挙げると、電磁気的、経済的、美食的、美学的、体育的、政治的、地質学的、歴史的、数学的などである。したがって、私の見解が属性二元論だとしても、実際には、それは属性多元論、あるいは属性 n 元論と呼ばれるべきであり、そこでの n の値は開かれたままである。本当に重要な区別は、心的なものと物理的なもの、つまり心と身体の間にはない。そうではなく、その区別は、観察者から独立して存在する世界の現実的な特性――物理的力や質量、重力による引力のような特性――と観察者に依存する特性――お金、財産、婚姻、統治といったもの――との間にある。そして、ここが要点となるのだが、観察者に相対的な属性のすべては、それらが存在しているという意識に依存しているにもかかわらず、意識それ自体が観察者に相対的であるわけではない。意識とは、あなたや私といった特定の生物学的システムが持つ現実的で内在的な特性なのである。

では、なぜ、液体性や固体性のような、観察者に依存しない他の属性が還元可能であるような仕方で意識を還元することができないのか。なぜわれわれは、たとえば、固体性を分子運動に還元できるのと同じように、意識をニューロンの振舞いに還元できないのか。その簡潔な答えはこうである。すなわち、意識は一人称のあるいは主観的な存在論を持っており、そのため三人称のあるいは客観的な存在論を持つ何かに還元することはできないということである。もし、客観的なものを選んで、主観的なものを還元ないし消去しようとすれば（あるいはその逆）、あなたは何かを置き去りにすることになる。意識が一人称の存在論を持つということで私が言わんとしているのはこうだ。すなわち、生物学的な脳には経験を生み出す驚くべき生物学的能力があり、これらの経験は、それが何らかの人間主体や動物主体によって感じられているときにだけ存在するということである。こうした一人称の主観的経験を三人称の現象に還元することができないのは、三人称の現象を主観的経験に還元できないのと同じ理由による。すなわち、ニューロンの発火を諸々の感じ《フィーリング》に還元することはできないし、諸々の感じをニューロンの発火に還元することもできないのだ。なぜなら、いずれの場合でも、争点とされている客観性や主観性を無視することになるだろうから。

「還元」とは実際にはきわめて混乱した考えであり、多くのさまざまな意味を含んでいる[7]。ある意味で、意識状態は脳内プロセスに還元することができる。すなわち、われわれのあらゆる意識状態は、脳内プロセスによって因果的に説明されるのだから、意識を脳内プロセスへ因果的に還元することは可能である。しかし、唯物論者が望むこの類の還元、すなわち、消去主義的還元は、争点となっている現象〔意識状態〕が実際には存在せず、ただの錯覚であるということを示すことになる。こうした類の還元は、意識については実行されえないのであって、その理由は本書の第二章において指摘した。消去主義的還元は、実在と現われとの区別を要求する。たとえば、太陽が沈むように見えるが、現実には地球が回転している。しかし、この手を意識にたいして使うことはできない。なぜなら、意識が関わるところでは、実在とはその現われのことだからだ。もし、私が意識を持っているということが、私にとって意識的にそう思われるならば、そのとき私は意識を持っているのである。そしてこれは、意識の存在論が主観的あるいは一人称的であるということのまさに言い換えである。

世界が実際にはどのように作動しているのかについて、われわれは何を知っているのか、と常に自問していただきたい。それは、もしかすると違ったふうに成り立っていたのかもしれないが、実際には次のように成り立っている。すなわち、宇宙はもっぱら力の場における粒子からなっているのだ。これらの粒子は諸々のシステムへと組織化される。そのシステムのうちのいくつかは、銀河、山、分子、赤ん坊といった自然のシステムである。またいくつかは、国民国家やフットボール・チームのように社会的につくられたものである。自然のシステムのうちには、生命を持つ有機的システムもある。それは、炭素系分子を含んでおり、窒素、酸素、水素の重量比が大きい。この地球上で、生命を持つ有機的システムはすべて生物学的進化の帰結である。それらのうちのごく少数が、意識を引き起こし、維持することのできる神経システムを進化させた。意識は神経システムにおけるミクロな元素の振舞いによって引き起こされ、それらの神経システムが備える構造のなかで実現される。他の生物学的属性が概して還元されるような仕方で意識を還元できないのは、それが一人称の存在論を持っているからである。

こうしたことが意味しているのは、つまり、意識は意識として経験されるときにのみ、存在するということである。成長、消化、光合成のような他の特性については、われわれがその特性を経験することと、その特性それ自体との間に区別を設けることができる。この可能性が、それら〔意識とは〕別の特性の還元を可能にしているのだ。しかし、そうした還元を意識にたいして行なえば、そもそも意識という概念を持つことの意味が失われてしまう。意識と意識についての経験は同じものである。したがって、われわれは、意識が形而上学的に通常の物理的世界の部分を成さないと主張することなく、意識の還元不可能性を認めることができるし、まさにそうしなければならない。つまり、われわれは、二元論を受け入れることなく、〔意識の〕還元不可能性を受け入れることができる。そして、この現実を受け入れることによって、この主題に関するきわめて多くの議論を困惑させてきた数々の誤解に囚われることなく、意識の神秘を探究することが可能になるはずである。

原注

第一章

（1）John R. Searle, "The Myth of the Computer," *The New York Review of Books*, April 29, 1982, pp. 3–6 ; "Minds, Brains and Programs," *Behavioral and Brain Sciences*, Vol. 3 (1980), pp. 417–457.

第二章

（1）Francis Crick, *The Astonishing Hypothesis : The Scientific Search for the Soul* (Simon and Schuster, 1994)〔邦訳『DNAに魂はあるか——驚異の仮説』中原英臣訳、講談社、一九九五年〕。

（2）彼らはこの議論を多くの場所で繰り広げている。最近のものだと、チャーチランド（Paul Churchland）の *The Engine of Reason, the Seat of the Soul* (MIT Press, 1995), pp. 195–208〔邦訳『認知哲学——脳科学から心の哲学へ』信原幸弘・宮島昭二訳、産業図書、一九九七年、二五六—二七三頁〕。

（3）W. Singer, "Development and plasticity of cortical processing architectures," *Science* 270 (1995), pp. 758–764 ; W. Singer, "Synchronization of cortical activity and its putative role in information processing and learning," *Annual Review of Physiology* 55 (1993), pp. 349–375 ; W. Singer and C. M. Gray, "Visual feature integration and the temporal correlation hypothesis," *Annual Review of Neuroscience* 18 (1995), pp. 555–586.

第三章

（1）Gerald Edelman, *Neural Darwinism: The Theory of Neuronal Group Selection*（Basic Books, 1987）; *Topobiology: An Introduction to Molecular Embryology*（Basic Books, 1988）〔『トポバイオロジー――分子発生学序説』神沼二真訳、岩波書店、一九九二年〕; *The Remembered Present: A Biological Theory of Consciousness*（Basic Books, 1989）; *Bright Air, Brilliant Fire: On the Matter of the Mind*（Basic Books, 1992）〔『脳から心へ――心の進化の生物学』金子隆芳訳、新曜社、一九九五年〕。

（2）おそらく次のことを指摘しておく価値がある。すなわち、ダーウィンⅢは、壁や物にぶつかりながら部屋を動きまわる物理的ロボットではなく、ロボットのイメージ、コンピュータ上でのロボットのシミュレーションである、ということを。

第四章

（1）厳密にいえば、われわれが第五章で見るように、デネットは、意識の現実的存在を否定することで終わっている。

（2）Roger Penrose, *Shadows of the Mind: A Search for the Missing Science of Consciousness*（Oxford University Press, 1994）〔邦訳『心の影――意識をめぐる未知の科学を探る１・２』林一訳、みすず書房、二〇〇一・二〇〇二年〕。

（3）Roger Penrose, *The Emperor's New Mind: Concerning Computers, Minds, and the Laws of Physics*（Oxford University Press, 1989）〔邦訳『皇帝の新しい心――コンピュータ・心・物理法則』林一訳、みすず書房、一九九四年〕。

（4）詳細については、Monty Newborn, *Kasparov versus Deep Blue: Computer Chess Comes of Age*（Springer, 1997）を参照。

（5）John R. Lucas, "Minds, Machines and Godel," in *Philosophy*, Vol. 36（1961）, pp. 112–127. Reprinted in A. R. Anderson, *Minds and Machines*（Prentice Hall, 1964）.

（6）David Marr, *Vision*（W. H. Freeman and Co., 1982）〔邦訳『ビジョン――視覚の計算理論と脳内表現』乾敏郎・安藤広志訳、産業図書、一九八七年〕を参照。

（7）Roger Ponrose, "Beyond the Doubting of a Shadow: A Reply to Commentaries on Shadows of the Mind," in *Psyche: An Interdisciplinary Journal of Research on Consciousness* 2(23), January 1996, http:psyche.cs.monash.edu.au.

（8）*The New York Times Book Review*, November 20, 1994, p. 7 ; December 18, 1994, p. 39 ; January 15, 1995, p. 31.

（9）例えば Henry P. Stapp, *Mind, Matter, and Quantum Mechanics*（Springer, 1993）.

（10）この後の著作で、ペンローズは、実在を三つの世界から捉える考え方を守り続けている。Roger Penrose, *The Large, the Small and the Human Mind*, with Abner Shimony, Nancy Cartwright, and Stephen Hawking, edited by Malcolm Longair（Cambridge University Press, 1997）〔邦訳『心は量子で語れるか――21世紀物理の進むべき道をさぐる』中村和幸訳、講談社ブルーバックス、一九九九年〕。

第五章

（1）Daniel Dennett, *Consciousness Explained*（Little, Brown, 1991）〔ダニエル・C・デネット『解明される意識』山口泰司訳、青土社、一九九八年〕。

（2）この章が基づいている元の原稿の出版にともなって、デネットは〔自分の〕ほかの著作において三つすべての前提を否定していると記している。デネットによるこの応答を私の再応答と一緒にして、この章に補遺として掲載した。デネットへの私の再応答において問題点が十分明瞭にされていると信じる。

（3）本書の第七章に所収。

（4）一九八〇年に私は、*Behavioral and Brain Sciences*〔*BBS*〕誌上で、〈中国語の部屋の論法〉にたいする二八人の批判者たちに応答している。ついでながら、そのなかにはデネットも含まれている。もう半ダースほどの批判者たちにたいする応答が、一九八二年の*BBS*誌上にある。そのうえ、デネットとダグラス・ホフスタッターにたいするさらなる返答が、一九八二年の本誌〈*NYRB*〔『ニューヨーク・レヴュー・オヴ・ブックス』誌〕〉にある。私はその問題を再度、一九八四年にＢＢＣのリース・レクチャーズ〔英国放送協会により、一九四八年以来、毎年行なわれているラジオやテレビなどによる一連の講演〕で取り上げた。この講演の内容は『心・脳・科学』（1984）〔土屋俊訳、岩波書店、二〇〇五年〕として出版されている。私はまた、一九八四年に、ニューヨーク科学アカデミーで〈強いＡＩ〉のよく知られている擁護者の幾人かと討論をしたが、この議論はその紀要として刊行された。エルハナン・モツキン（Elhanan Motzkin）と一九八九年に『ニューヨーク・レヴュー・オヴ・ブックス』誌上で行なった別の往復書簡は、一九九〇年の*Scientific American*〔『サイエンティフィック・アメリカン』〕誌におけるポールとパトリシア・チャーチランドとの討論に引き継がれた。さらに、一九九一年のジェリー・フォーダー（Fodor）との議論も刊行されている（私のフォーダーへの応答は、"Yin and Yang Strike Out" in *The Nature of Mind*, edited by David M. Rosenthal, Oxford University Press, 1991を参照のこと）。以上すべては、九〇年代までに出版された資料にすぎない。*BBS*誌の編集者からの誘いで、〔*BBS*誌での〕元の特集の刊行の十周年記念として、私は、その〈中国語の部屋の論法〉を認知科学の説明全般へと拡張している別の論文を公刊した。その雑誌でその結果として生じた議論において、私は四〇人以上の批判者たちに応答した。より最近では、一九九四年と一九九五年に、*Philosophy and Phenomenological Research*誌上で、『ディスカバー・マインド！』についての一連の議論に応じている。加えて、*John Searle and His Critics* (edited by Ernest Lepore and Robert van Gulick, Blackwell, 1991）という題名のやや大がかりな一冊の本があり、そのなかで私は、関連あるあらゆる種類の問いについて、多くの批判者や論評者に応答している。

（5）D・R・ホフスタッター、D・C・デネット（編）『マインズ・アイ——コンピュータ時代の「心」と「私」』（1981）〔上・下巻、坂本百大監訳、TBSブリタニカ、一九九二年〕。

（6）John R. Searle, "The Myth of the Computer," *The New York Review of Books*, April 29, 1982.

（7）Daniel Dennett, *Conversations in the Cognitive Neurosciences*, edited by Michael Gazzaniga (MIT Press, 1997), p. 193.

第六章

（1）C. K. Ogden and I. A. Richards, *The Meaning of Meaning* (Hartcourt Brace, 1923), p. 23〔『（新装）意味の意味』石橋幸太郎訳、新泉社、二〇〇八年、六六頁〕。

（2）Thomas Nagel, "What is it like to be a bat?" in *Mortal Questions* (Cambridge University Press, 1979), pp. 165-180〔「コウモリであるとはどのようなことか」『コウモリであるとはどのようなことか』永井均訳、勁草書房、二五八—二八二頁〕を参照。本書の第五章におけるデネットの議論も参照。

（3）David J. Chalmers, *The Conscious Mind: In Search of a Fundamental Theory* (Oxford University Press, 1996)〔『意識する心——脳と精神の根本理論を求めて』林一訳、白揚社、二〇〇一年〕。

（4）John R. Searle, *The Rediscovery of the Mind* (MIT Press, 1992), p. 65 ff.〔『ディスカバー・マインド！——哲学の挑戦』宮原勇訳、筑摩書房、二〇〇八年、一〇九頁以降〕。

（5）チャーマーズは、唯物論的現象を、「気づき」あるいはそれらの語〔痛みなど〕の「心理学的な」意味に関わる問題として記述している。しかし、これらの語の日常的な意味においては、正しい使用ではありえない。なぜならば、まったく意識がなくては、気づきや心理学的実在が存在する可能性などないからである。私はそれゆえにチャーマーズの区別を、それらの語の唯物論的意味と意識に基づく意味との間にある区別として、そしてその区別に応じて、それらの語に対応する唯物論的実在と意識に関わる実在とを記述してきた。無粋ではあるけれども、こちらのほうがチャーマーズが自分で見いだしたと考えている区別を特徴づける、より正確で、より誤解のない仕方である。

第七章

（1）Israel Rosenfield, *The Strange, Familiar and Forgotten: An Anatomy of Consciousness*（Vintage, 1993）.

結論

（1）ノイマン型コンピュータとコネクショニストのコンピュータ、およびそれらの違いについては、第五章において説明した。

（2）Daniel Dennett and Douglas Hofstadter, *The Mind's I: Fantasies and Reflections on Self and Soul*（BasicBooks, 1981）, p. 15〔邦訳『マインズ・アイ——コンピュータ時代の「心」と「私」』上巻、序章二六頁〕。

（3）John R. Searle, *The Rediscovery of the Mind*（MIT Press, 1992）〔邦訳『ディスカバー・マインド!』〕。

（4）これはコリン・マッギン（McGinn）の *The Problem of Consciousness: Essays Toward a Resolution*（Blackwell, 1991）によって提唱された立場である。

（5）Lawrence Weiskrantz, *Blindsight: A Case Study and Implications*（Oxford University Press, 1986）を参照。

（6）P. Stoerig and A. Cowey, "Blindsight and Conscious Vision," *Brain*, 1992, pp. 147–156 を参照。

（7）「還元」が持つ六つの異なる意味についての議論は、『ディスカバー・マインド!』の第五章を参照。

監訳者あとがき

本書は、John R. Searle, *The Mystery of Consciousness*, New York Review Book, 1997 の全訳である。このテクストの成り立ちについては、著者の「まえがき」に詳しく述べられている。意識というテーマについて、二十世紀にあいついで刊行された、物理学者、生物学者、哲学者などによる本を哲学者サールが『ニューヨーク・レヴュー・オヴ・ブックス』誌上において一連の書評をした。本書の根幹をなすものは、それらの書評を加筆訂正したサールの文章である。

本書をいっそう興味深いものにしているのは、著者が書評の公刊の後に、二人の哲学者デネットならびにチャーマーズと、書評を継続するかたちで議論の応酬を交わしたことであろう。本書には、彼らの間で交わされた往復書簡が「補論」として収められている。念のために申し添えれば、サールが書評の対象として取り上げた著作はそのほとんどすべてがいち早く邦訳されている。本書の読者は、それらの邦訳書をひもとくことで、意識に関するサールの議論をさらに深めることもできるだろう。

著者のサールは一九三二年アメリカ合衆国のコロラド州デンバーに生まれ、ウィンスコ大学マディソン校に入学した。一九五二年から一九五九年までオックスフォード大学に留学し、一九五九年に文学修士号と哲学修士号を取得している。同年、カリフォルニア大学バークレー校に職を得て赴任し、その後、助教授、準教授、教授を経て現在にいたっている。

サールの哲学は、言語哲学に比重のかかった前期の業績と、心の哲学を中心とするそれ以降の業績から、さらには社会哲学の探究へと展開してきている。

オックスフォードで師事したJ・L・オースティンの影響のもとにサールは最初の著書『言語行為——言語哲学への試論』(坂本百大ほか訳、勁草書房、一九八六年、*Speech Act: An Essay in the Philosophy of Language*, Cambridge University Press, 1969)を刊行する。これは師が打ち出した言語行為論をさらに前進させるために書かれた著作であり、言語探究にたずさわる各方面に圧倒的な影響を及ぼした。七〇年代には、メタファーなど不規則な表現に言語行為論から分析を加えた論考を含む『表現と意味』(山田友幸訳、誠信書房、二〇〇六年、*Expression and Meaning: Studies in the Theory of Speech Act*, Cambridge University Press, 1979)も刊行されている。

七〇年代なかばからサールの関心は「心の哲学」に向かってゆく。この動向を導いた鍵概念が〈志向性〉(intentionality)である。志向性とは、心が何かに差し向けられ、関心をもつさまであり、単なる物理的性状ではありえない。この概念についての詳細は『志向性——心の哲学』(坂本百大監訳、誠信書房、一九九七年、*Intentionality: An Essay in the Philosophy of Mind*, Cambridge University

Press, 1983）で述べられている。なお同時期の著作として、『心・脳・科学』（土屋俊訳、岩波書店、一九九三年、*Minds, Brains and Science: The 1984 Reith Lectures BBC*, 1984）がある。さらに八〇年代半ばから、サールは志向性概念を基軸として人々の共同行為の問題を検討することになる。サールは、六〇年代に大学紛争に学部長特別補佐としてかかわり、その後、政府の大学問題大統領顧問をつとめるなど社会問題に強い関心を抱きつづけてきた。このことを「社会の哲学」の探究の動因として指摘する論者もいる。他に邦訳された著作としては、『MiND マインド 心の哲学』（山本貴光・吉川浩満訳、朝日出版社、二〇〇六年、*Mind: A Brief Introduction*, Oxford University Press, 2004）、『ディスカバー・マインド！』（宮原勇訳、筑摩書房、二〇〇八年、*The Rediscoveries of the Mind*, The MIT Press, 1992）がある。

人間が身体のほかに心を備えている生き物であることが、古来、哲学上に「心身問題」として知られる難問を生んできた。人間は明らかに一方で身体（大脳）という物質的な要素をもち、他方で意識や感覚といった心的要素をもっている。しかしながら、物質的なものと心的なものとはまったく異なる性質をもつように見える。大脳の大きさや重量を測定することができるのと同じ意味で、たとえば私が経験している感覚の重量を問うのは馬鹿げている。だとすると、二つの要素はどのように関係しているのだろうか。ここに心身問題がもちあがることになる。この問題を〈意識〉の側から据えなおすこともできる。意識はそれ以外の物理的自然のなかへどのように位置づけることができるのだろうか、と。

サールは「生物学的自然主義」(biological naturalism)の見地からこの問題を解決しようとする。いやサールからすれば、問題そのものを解消するといったほうがいい。なぜなら心身問題は間違った前提から導かれる間違った問題に過ぎないからである。彼が「自然主義」を主張するのは、心的なものを自然の一部と見なすからである。また「生物学的」を称するのは、心的現象を胃の消化や血液循環と同様に生物学的現象のひとつだとするからである。現代では意識の問題を考究するときにコンピュータや脳への言及を回避することができない。本書で書評の対象になった著述も例外ではない。心的なものはある意味で物理的なものに還元できる。人間が意識をもつことができるのは、明らかに、ニューロンやシナプスなどの神経生物学的過程によっている。だからといって、意識や感覚が存在論的な意味で物理的なものに還元できるわけではない。サールはこの種の唯物論を退けている。彼は進んで、意識が特定の主体によって経験されることでしか存在できない一人称的な性質(クオリア)であり、この独自な性質は因果的に説明できないと見なしている。サールによれば、コンピュータのうえで心のシミュレーションを行なうことができない(〈強いAI〉の否定)ことにも同様の事情があずかっている。このようにして、サールは本書全体を通じて、従来の心の哲学を制約してきた誤った概念や区別を逐一暴露しつつ心の哲学を革新しようと努めている。とりわけ自説については、結論であらためて明確に打ち出している。

翻訳は四名の者が分担したものを相互に検討したうえで、最終的に、菅野が全体に加筆訂正を加えることでできあがった。編集の渦岡謙一さんがゲラに目を通し翻訳上の多くのヒントをくださったことに感謝したい。本書が、サールの心の哲学におけるオリジナルな仕事への関心を高めると同時に現代における意識研究へのひとつの導きとなることを願っている。

二〇一四年秋

監訳者　菅野盾樹

人名索引

事項索引

さ 行

た　行

な　行

は　行

ま　行

や　行

ら　行

図版出典一覧

図1　フランシス・クリック『DNAに魂はあるか——驚異の仮説』(Francis Crick, *The Astonishing Hypothesis: The Scientific Search for the Soul*, Scribner, 1994) から。デイヴィッド・ヒューベルとトルステン・ウィーセルの「視覚の脳メカニズム」『サイエンティフィック・アメリカン』(一九七九年九月号) (David Hubel and Torsten Wiesel, "Brain mechanisms of vision," *Scientific American*, September 1979) のアラン・D・アイスリン (Alan D. Iselin) による図を修正したものを引用。フランシス・クリックの許諾を得て再掲。

図2，図3　アーサー・ガイトン『ヒトの生理学の基礎』(Arthur Guyton, *Basic Human Neurophysiology*, W. B. Saunders Company, 1981) より引用。出版社の許諾を得て使用。

図4a，図4b　ロジャー・ペンローズ『心の影』(Roger Penrose, *Shadow of Mind*, Oxford University Press, 1994) より引用。オクスフォード大学出版局の許諾を得て使用。

図5　サイモン＆シュスター (Simon & Schuster) 出版の一部門であるスクリブナー (Scribner) 社の許諾を得て、フランシス・クリック『DNAに魂はあるか——驚異の仮説』(Francis Crick, *The Astonishing Hypothesis: The Scientific Search for the Soul*, Scribner, 1994) より再掲。

訳者紹介

笹倉明子（ささくら あきこ） 1章、2章担当

1971年生。大阪大学大学院人間科学研究科博士課程単位取得満期退学。修士（言語科学）。同志社大学ほか非常勤講師。専門は認知言語学、レトリック、記号論。論文に「パース記号論によるフラメンコ分析の試み」（叢書セミオトポス3）ほか。

小倉拓也（おぐら たくや） 1章、2章、3章、4章担当

1985年生。大阪大学大学院人間科学研究科博士後期課程単位修得退学。日本学術振興会特別研究員、大和大学非常勤講師。専門は哲学。論文に「出生外傷から器官なき身体へ」（『フランス哲学・思想研究』18号）、共訳書にフィンク『後期ラカン入門』（人文書院）ほか。

佐古仁志（さこ さとし） まえがき、5章、6章担当

1978年生。大阪大学大学院人間科学研究 科単位取得退学。博士（人間科学）。立教大学・日本学術振興会特別研究員。専門は生態記号論。共著に『知の生態学的転回3 倫理』（東京大学出版会）、論文に「究極的な論理的解釈項としての「習慣」とパースにおける「共感」」（叢書セミオトポス9）ほか。

小林卓也（こばやし たくや） 7章、結論担当

1981年生。大阪大学大学院人間科学研究科単位取得退学。博士（人間科学）。京都産業大学非常勤講師。専門は哲学。論文に「ドゥルーズ『意味の論理学』におけるエピクロス派解釈について」（『フランス哲学・思想研究』17号）、“The Aesthetics of Nature in Deleuze's Philosophy”（*Philosophy Study*, Vol. 3, No. 9）ほか。

著者紹介

ジョン・R・サール（John R. Searle）

カリフォルニア大学バークレー校教授。詳しくは「監訳者あとがき」を参照。

監訳者紹介

菅野盾樹（すげの　たてき）

東京大学人文科学研究科博士課程単位取得退学、大阪大学名誉教授。博士（人間科学）。専門は哲学、人間学、記号論。著書に『メタファーの記号論』（勁草書房）、『我、ものに遭う』（新曜社）、『いのちの遠近法』（新曜社）、『新修辞学』（世織書房）ほか。

新曜社

意識の神秘

生物学的自然主義からの挑戦

初版第1刷発行　2015年2月20日

著　者　ジョン・R・サール

監訳者　菅野盾樹

訳　者　笹倉明子・小倉拓也・佐古仁志・小林卓也

発行者　塩浦　暲

発行所　株式会社　新曜社

〒101-0051　東京都千代田区神田神保町3-9

電話（03）3264-4973（代）・FAX（03）3239-2958

E-Mail：info@shin-yo-sha.co.jp

URL：http://www.shin-yo-sha.co.jp/

印　刷　亜細亜印刷

製　本　イマヰ製本

ISBN978-4-7885-1421-8　C1010